23

孔子家語

中文經典100句

玄奘大學中語系季旭昇教授 總策畫
文心工作室 編著

〈出版緣起〉

站在文化巨人的肩膀上

季旭昇

「犁明即起，灑掃庭廚。忘著窗外，一片籃天白雲，令人腥情振忿。隨便灌洗一下，整理遺容之後，走到客聽，粘起三柱香，拜完劣祖劣宗，希望祖宗給我保屁。然後勿勿敢往朋友的壽宴，為朋友舉殤祝壽，大家喝的慾罷不能。談到朋友的事葉出現危機，我就建議他要摒持理念、拿出破力。朋友也免勵我要多用功，才能寫出家譽戶曉、擲地有聲的文章。晚上我開始發糞讀書，日以繼夜的終於寫完這一篇文章。」

這是用現在見怪不怪的錯字集錦而成的一篇小文，果然可以「擲地」，但是未必「有聲」。近年來，這種錯字太多了，老師開始憂心、家長開始憂心、社會賢達開始憂心，只有學生和教育主管當局不憂心，教育主管當局甚至於還要進一步削減中小學的國語文授課時數。終於，社會的憂心迸發了，由各界組成的「搶救國文聯盟」日前已起來呼籲教育主管當局要正視這個問題，不要坐視國家競爭力一日一日的衰落。

身為文化事業一分子的商周出版，老早就在正視這個問題了，所以洞燭機先地策畫了「中文可以更好」系列，為文字針砭、為語文把脈，希望把這些年語文界的毛病治好。各界反應還不錯。

語文的毛病治好了，體質還是不夠強壯。商周出版認為進一步要熬十全大補湯，讓我們的語文更強壯。這「十全大補湯」就是「中文經典一〇〇句」系列。

《荀子．勸學篇》說：

「吾嘗終日而思矣，不如須臾之所學也。吾嘗跂而望矣，不如登高之博見也。登高而招，臂非加長也，而見者遠；順風而呼，聲非加疾也，而聞者彰。假輿馬者，非利足也，而致千里；假舟楫者，非能水也，而絕江河。君子生非異也，善假於物也。」

學畫一定要先從芥子園畫譜學起。芥子園畫譜是初學者的「經典」。張大千的畫藝要更上層樓，所以要去千佛洞臨壁畫。千佛洞是張大千的「經典」。學書法的人要學二王顏柳，二王顏柳是書法界的「經典」。

經典是古代聖賢才智的結晶，是民族文化的源頭。

多認識經典可以讓我們站在巨人的肩上，長得更快、更高。

多認識經典可以讓我們的思想、文字帶有民族智慧、民族風格。

《論語》、《史記》、《古文觀止》、《孟子》、《詩經》、《莊子》、《戰國策》、《唐詩》、《宋詞》、《世說新語》、《資治通鑑》，《昭明文選》、《六祖壇經》、《曾國藩家書》、《老子》、《荀子》、《韓非子》、《兵法》、《易經》、《淮南子》、《元曲》（「中文經典一〇〇句」已出版），這幾本書應該是現代國民的「最低限度必讀經典」，做為這個民族的一份子，沒有讀過這幾本書，就稱不上這個民族的「知識分子」。但是，現代人實在太忙了，大人忙著五光十色、小孩忙著被教改、社會忙著全民英檢、國家忙著走出去，人人都在盲茫忙，商周出版因此為忙碌的人們燉一鍋大補湯，用最活潑簡明的文句，把經典的精粹提煉出來，讓大家可以在「三上」（馬上、枕上、廁上）閱讀。在做完文字針砭、為語文把脈、把病痛治好後，讓我們來培元固本，增強功力，站在文化巨人的肩膀上，看得更高，飛得更遠！

（本文作者為台灣師範大學國文系退休教授，現任玄奘大學中語系教授）

〈專文推薦〉

讀到人性的孔子

歷史評論者公孫策

從小讀書，學會要尊敬孔子。孔子是完美的，是神聖不可侵犯的。大一點，讀到《論語》後，發現「天哪，孔子怎麼是這樣一位無趣的人！」尤其是孔子教育自己兒子的方式：《論語．季氏》記載孔子的兒子孔鯉字伯魚，有一位孔門弟子名叫陳亢問他：「老師教自己的兒子，有沒有什麼特別的地方？」伯魚說：「沒有啊！有一次老師獨自一人站立，我快步走過庭院，被叫住，問：『你讀《詩》了嗎？』我回答：『還沒。』（被訓）『不學詩，無以言。』我於是回書房讀《詩經》。又一次，同樣被叫住，問『讀《禮》了嗎？』回答：『還沒。』（又被訓）『不學禮，無以立。』我於是回書房讀《禮記》。」

當時的高中同班同學因為讀過這一段，就常常故意扳個臉問：「你今天讀《論語》了沒？」而每個人都私下慶幸：「還好我老爸不是孔子。」

孔子的形象就這樣被《論語》扭曲了。直到我發現有這麼一本《孔子家語》，孔子在我心目中的形象才得以「平反」。

舉個例子，《論語．雍也》子曰：「知（智）者樂水，仁者樂山，知者動，仁者靜。知者樂，仁者壽。」這一段大家都讀過，甚至背過。可是誰也不會去研究：為什麼「仁者樂山，智者樂水」？因為文字實在太乾燥了。

《孔子家語》的記載方式，可比《論語》那種枯燥的語錄生動多了：先是子貢問：「老師為什麼每次看到大的水流，必定要駐足觀看？」然後孔子說：「因為它川流不息，且遍及大地、滋養萬物，卻不居功。」這就是「水之德」，為德而不居功，就是智者。這樣子解釋，可不比「知者樂水」生動且讓人更容易接受嗎？

再舉個例子。《論語・公冶長》記載孔子要弟子各言其志。子路說：「願車馬衣裘與朋友共，敝之而無憾。」顏回說：「願無伐善，無施勞。」最後孔子說：「老者安之，朋友信之，少者懷之。」——以前當學生的時候，作文題目「我的志願」，大家都寫一些正經八百的內容，或許就是受《論語》這一段的影響。

《孔子家語》可不同了。一樣是孔子要弟子各言其志，子路說：「領兵打仗，據地千里，就屬我最行，請他們兩位追隨我吧！」子貢說：「出使大國，化解戰爭危機，誰比我更行？請他們兩位追隨我吧！」顏回說：「薰蕕不同器（香草與臭草不放在同一個花瓶裡），我願輔佐英明的領袖，讓人民生活安定、行為守法。天下太平則子路毋須逞其勇，子貢無所用其辯矣！」孔子分別稱讚三人的「勇、辯、德」。

這才向是真實的場景嘛！年輕人當然應該「舍我其誰」，而老師當然應該鼓勵他們。把學生困在禮教框框裡，一個個都「溫良恭儉讓」，社會怎麼會進步呢？

總之，《孔子家語》讓我讀到了人性的孔子，我很喜歡這本書。

〈導讀〉

從《孔子家語》認識栩栩如生的孔子

一、《孔子家語》的作者考證以及成書經過

《孔子家語》的作者自古以來一直有著爭議，這個爭議環繞著其書真偽的問題展開，也就是說，《孔子家語》的作者、成書年代與書的真偽，這三個問題其實是同一個問題。

《孔子家語》最早見錄於《漢書．藝文志》，三國時王肅為之作注，今本流傳的《孔子家語》前有王肅的〈家語序〉，後有西漢孔安國的〈後序〉，《孔子家語》的作者似乎是孔安國，現今流傳的版本當是基於王肅的注解本。

孔安國，孔子十一世孫，生卒年不詳，從申培公受魯《詩》，漢武帝時為博士。孔安國在《孔子家語．後序》中說道，《孔子家語》是當時公卿士大夫、七十二弟子與孔子諮問交談的言語，諸弟子各記其所問，取其中「正實而切事」的資料編成《論語》，其餘集錄為《孔子家語》。這本書隨著荀子遊秦時傳入秦國；漢滅秦之後，秦朝所藏圖書跟著轉移到漢朝。等到呂后及其家族把持朝政，這本書傳入呂氏家族之中；呂氏家族覆亡，《孔子家語》因而散落民間。民間流轉的過程中，持有這部書的人各以己意增損內容，使得同一件事情而有不同記載。漢景帝末年募求天下禮書，《孔子家語》才又重新收入官府，卻

已經與諸國事、七十二子辭與各種《禮記》資料錯簡混雜在一起。武帝元封年間，孔安國在京師仕官，害怕先人的典籍泯滅，從公卿士大夫家中求得副本，將之重新編輯過，修復《孔子家語》一書。

王肅，字子雍，三國魏人（西元一九五至二五六年），師從賈逵、馬融學說，反對當時流行的鄭玄學說。他亦如鄭玄遍注群經，皆列於學官，是當時頗具影響力的大學者。曾作《聖證論》譏諷鄭玄，可見他對鄭玄學派抱持多大的敵意。

唐代顏師古注《漢書・藝文志》時說道：「非今所有《家語》。」認為唐時流傳王肅注解的《孔子家語》並非孔安國的《孔子家語》，孔書當已亡佚。孔穎達《禮記正義》引馬昭之語云：「《家語》王肅所增加。」說明《孔子家語》有王肅增補的成分。這些話引起大家對《孔子家語》一書的懷疑：到底是孔安國所作的呢？還是王肅偽造？宋代王柏第一個提出《孔子家語》為偽書說，他的〈家語考〉云：「四十四篇之《家語》，乃王肅自取《左傳》、《國語》、《荀》、《孟》、二戴記，割裂織成之。」認為《孔子家語》乃王肅自先秦諸書中組織而成。從此考證《孔子家語》為偽書的說法不絕如縷，到清代學術疑古風氣大盛，王肅偽書說的觀點更盛極一時，《四庫全書總目提要》可代表當時的主流意見。

考證《孔子家語》一書被懷疑為王肅偽造的證據大致有兩個：

（一）王肅經學師從賈逵、馬融學派，與鄭玄學派對立。王肅的〈家語序〉自云他十五歲立志向學，當時流行的是鄭玄學派，他學了一陣子鄭學，覺得裡面義理不安、謬誤極多，於是以己意改易經義，卻被人認為是標新立異。後來認識了孔子的二十二世孫孔猛，家藏有《孔子家語》，他借來一觀，發現其中內容與自己的觀點有若干符合，他認為此書記載才是聖人真義，於是為之作注，發揚光大。《孔子家語》就被認為是王肅偽造用來打擊鄭玄學說的工具。

（二）《孔子家語》內容幾乎全錄自先秦至漢的典籍，前引王柏〈家語考〉已有提到一些，但這數量遠遠不足。今人考據其出處計有群經《左傳》、《禮記》、《論語》、《孟子》等；先秦諸子《國語》、《莊子》、《列子》、《荀子》、《韓非子》、《呂氏春秋》等；漢人著述《淮南子》、《韓詩外傳》、《大戴禮記》、《史記》、劉向《說苑》、《新序》、王充《論衡》等。

第一個理由只能讓人懷疑王肅的用心不單純，第二個理由卻幾乎無可辯駁，而認定《孔子家語》是從群書截取拼湊出來的。然而，詳細考察《孔子家語》抄錄群書的方式約有三類：一是幾乎原封不動節錄，只稍稍改異幾字，這樣的變動可能是抄本的不同或傳抄的失誤；二與原典相比，僅存骨架，敘述方式大幅改動，這樣的內容幾乎可認定是另一個文本；三為群書所無的內容。一猶或可認定是抄襲，二與三則不免讓人心有疑慮：大幅的改寫是不是抄襲？抑或另有所本？是以歷來雖然王肅偽造之說占了上風，但是持相反意見者亦代代有之。

直到近幾十年來，大陸河北定縣八角廊出土的西漢竹簡《儒家者言》、安徽阜陽雙古堆漢墓木牘等，與今本《孔子家語》有近似的內容，王肅偽造《孔子家語》的說法才受到嚴重的動搖，《孔子家語》的來由更古老，至少不是在三國時才存在，可遠推至西漢時期，與孔安國的年代相當。於是乎《孔子家語》真的有可能是孔安國所纂輯的，王肅只不過是後來的纂輯者與注解者，而王肅枉背了許久的偽造罪名。

《孔子家語》的纂輯方式與劉向的《說苑》、《新序》如出一轍。劉向曾校中祕書，遍覽許多不為人所常見的祕書，於其中纂輯出《說苑》、《新序》等書，依事分類，以資治用。劉向纂輯的內容，有一些與秦漢的典籍相符，其他未見於典籍者，未必是劉向自撰，可能是他校閱的那些祕書現已亡佚。這樣的纂輯方式同樣適用說明《孔子家語》的內容為何有些同於秦漢的典籍、有些不同、有些則未見。《孔子家語》最早的纂輯者可能是孔安國，大陸出土的西漢簡牘已證明西漢時確然有其書存在，今本《孔子家語．後序》為孔安國所編著的可信度也大為增加。

孔安國自言《孔子家語》與《論語》同時存在，太久遠的歷史無從考論，漢以前的流傳過程僅能作為本事參考；何況今本《論語》亦是成於漢人之手，孔安國纂輯的《孔子家語》應該當作他個人的著作，而非復原古典。

孔安國纂輯的資料來源有從祕府，祕府即劉向校覽祕書之所在；亦有孔家自有資料；其中若干資料與秦漢典籍重疊，但亦保存了若干原始資料。孔安國並非單純輯錄群書關於孔子的言行事蹟而已，同時包含改寫的進行。正如秦漢其他典籍，通常需要長時間才會被寫定，此書保存於孔氏一脈也是經過不斷的改寫。《漢書．藝文志》指出「《孔子家語》，二十七卷。」《隋書．經籍志》則說「《孔子家語》，二十一卷，王肅解。」卷數的不同表示內容已經有所變動，王肅可能是最後著名的纂輯者與注解者，此後《孔子家語》的形貌趨於穩定。

今本《孔子家語》十卷，顯然經過時間的汰洗又佚散許多，現存明清的版本與唐宋比對，並無太多歧異。

總而言之，有關《孔子家語》的種種問題，其書作者與孔安國、王肅相關已無疑義，成書年代可分別以兩者作為上下限，從漢武帝元封年間到三國魏甘露之前，其書之真實有所據，但其內容改寫與偽造的成分仍待學界研究。

二、《孔子家語》篇目簡介

今本《孔子家語》十卷，四十四篇，內容記錄與孔子有關的言行事蹟，據孔安國所言，皆是當時公卿大夫、七十二弟子與孔子諮問交談的資料，依事分門別類編纂。然這分類並不是很嚴謹，有時候全篇收錄的故事或言論皆與篇題相關，如〈相魯〉；有時候僅就篇首的故事或言論截取出篇題，篇內其餘故事與言論各自獨立，如〈致思〉。這裡我們就四十四篇目簡單介紹：

1. 〈相魯〉：孔子五十歲時出仕，初為魯國中都宰，不到兩年即被魯定公升任司空，再為大司寇，兼攝相事。本篇記載的幾則故事皆是此時輔政之事，因此名為〈相魯〉。
2. 〈始誅〉：孔子為大司寇時，誅大夫少正卯，因此名為〈始誅〉。本篇記載孔子誅少正卯與不誅父子訟者，各有其道理。
3. 〈王言解〉：孔子向曾參解釋何謂「王言」，所以命名為〈王言解〉。「王言」，即古代明王的道理，必須「內修七教，外行三至」，國家才能富強得治。

4.〈大婚解〉：孔子陪魯哀公聊天，哀公問孔子：「人道之中，什麼最重要？」孔子解釋婚姻為何是人倫之始，家國之本的原因。
5.〈儒行解〉：孔子為魯哀公解釋一個儒者須具備的各種品行。
6.〈問禮〉：魯哀公與言偃分別對孔子尊崇禮感到好奇，而向孔子請教。
7.〈五儀解〉：「五儀」者，對於人的五種類型：庸人、士人、君子、賢人、聖人提出解釋。孔子為魯哀公分別闡釋這五種人的操守和表現。
8.〈致思〉：篇首記載孔子北遊農山，子路、子貢、顏淵陪侍，孔子登高四望，詢問各自的志向。
9.〈三恕〉：篇首孔子言君子有三恕。
10.〈好生〉：篇首孔子對魯哀公言舜之政好生而惡殺。
11.〈觀周〉：此篇記載孔子適周，觀先王之典章制度，與老聃的問答。
12.〈弟子行〉：此篇透過子貢回答衛將軍文子的詢問，道出孔子門下弟子的品行以及孔子對他們的評價。
13.〈賢君〉：哀公問孔子：「當今之君，孰為最賢？」
14.〈辯政〉：篇首記載齊君、魯君、葉公向孔子問政，孔子回答各異，子貢因而困惑，向孔子請教箇中道理。
15.〈六本〉：孔子言君子立身處世有「六本」。
16.〈辯物〉：此篇記載十則孔子博學多聞，多識草木鳥獸之名、各種典章制度與文物的故事。

17.〈哀公問政〉：此篇記載哀公問政於孔子，孔子向他闡釋三達德、五達道、治國九經的政治綱領。

18.〈顏回〉：此篇記載顏回的各種言行故事與孔子的問答。

19.〈子路初見〉：篇首記載子路初見孔子，孔子向他強調學習的重要，子路被說服而向孔子學習。

20.〈在厄〉：孔子厄於陳、蔡之間，絕糧七日，在《論語》及先秦典籍皆有記載。此篇記載當困厄時，孔子與弟子們的心境反映，與君子固窮的道理。

21.〈入官〉：此篇記載子張向孔子詢問當官為政之道，因此名為〈入官〉。

22.〈困誓〉：篇首記載子貢對學習感到厭倦，對於一直以來服膺的道理也感到困惑，想要停止侍奉君王，而向孔子請教，孔子引《詩經》的格言警句勸勉他。

23.〈五帝德〉：此篇記載孔子應宰我之問，向他闡述黃帝、顓頊、帝嚳、帝堯、帝舜的功業事蹟。

24.〈五帝〉：此篇記載孔子應季康子之問，向他闡述五帝與五行的關係，充斥濃厚的陰陽讖緯色彩。

25.〈執轡〉：篇首記載閔子騫為費宰，向孔子請教如何行政，孔子將官吏比喻作馬轡，刑罰比喻作馬策，人君行政，就像用轡策駕馭馬匹，因此名為〈執轡〉。

26.〈本命解〉：此篇記載孔子應魯哀公之問，向魯哀公闡釋人之命與性的道理，禮制與性命的關係。

27.〈論禮〉：子張、子貢、子游、子夏侍坐，向孔子請教關於禮的問題，孔子因向他們論及禮的功用與起源，因此名為〈論禮〉。

28.〈觀鄉射〉：此篇記載孔子觀鄉射禮，闡述儀式的進行與箇中道理。

29.〈郊問〉：此篇記載孔子應魯定公之問，向他闡述郊祀之義。

30.〈五刑解〉：篇首記載冉有向孔子請教古代三皇五帝不用五刑的道理。

31.〈刑政〉：此篇記載孔子向仲弓闡述刑法與政治互相參用的道理。

32.〈禮運〉：此篇記載孔子觀魯國蜡祭之後，向言偃闡述大同與小康之治，而禮制的運行正是達至此理想世界的關鍵。

33.〈冠頌〉：此篇記載邾隱公即位之後，將要舉行冠禮，派遣孟懿子向孔子請教冠禮的問題。

34.〈廟制〉：此篇記載衛將軍文子想要在自己的采邑建立三軍之廟，派子羔向孔子詢問，孔子因向子羔闡述天子至於士立廟和毀廟的制度。

35.〈辯樂解〉：此篇闡述各種音樂的問題。

36.〈問玉〉：篇首記載子貢向孔子詢問貴玉賤珉的道理，孔子說明玉有種種德行，故君子貴之。

37.〈屈節解〉：「屈節」即委屈自己的節操的意思。此章記載幾則孔子屈節求伸的故事。

38.〈七十二弟子解〉：此篇記載孔子七十二弟子的姓名身世及簡單事蹟。

39.〈本性解〉：此篇記述孔子的世系。

40.〈終記解〉：記述孔子臨終前的狀況，死後哀公的誄辭，與門下弟子為其守喪。

41.〈正論解〉：此篇記載孔子正面評論幾位政治人物的故事。

42.〈曲禮子貢問〉：記載各種禮儀問題，篇首是子貢發問，故名之。

43.〈曲禮子夏問〉：記載各種禮儀問題，篇首是子夏發問，故名之。

44.〈曲禮公西赤問〉：記載各種禮儀問題，篇首是公西赤發問，故名之。

三、《孔子家語》對於後世的影響

《孔子家語》自宋以後，大致被認為是偽書，然而其影響力，可能遠超過許多儒家典籍。《四庫全書總目提要》說：「特其流傳已久，且遺文軼事往往多見於其中，故自唐以來，知其偽而不能廢也。」說明了《孔子家語》的重要性。

《孔子家語》的價值主要有兩項：

一、保存許多古代史料。前面已說過《孔子家語》的資料來源多樣，既有保存於祕府的祕書，也有孔家自藏的資料，其中一些與現有典籍重疊，但也摻雜原始的資料。秦漢的典籍流傳至今，都經過相當的變動與亡佚，《孔子家語》雖然也佚散了大半，但留存下來的資料仍具相當大的參考價值，史書中凡提到孔子與禮制的問題，多會援引《孔子家語》作例證。如《魏書．禮志》提到北魏孝文帝為皇太子行冠禮，事後檢討，認為古代禮書記載不全，才會導致典禮出現闕失，故引用《孔子家語．冠頌》指陳錯誤，說道：「《家語》雖非正經，孔子之言與經何異？」認為《孔子家語》雖然不列入五經之中，但孔子說的話價值同與五經。

二、《孔子家語》不管是否偽書，王肅注解發揚卻是無庸置疑，雖然最主要的目的之一是為了打擊鄭玄的經學義理，但是對此書保存的內容或經由注解發現經書未明之處有很大的貢獻。王肅在〈家語序〉中即提到一個例子：《論語．子罕》：「牢曰：子云：『吾不試，故藝。』」論者不知牢為誰，故多為妄說。但這個人在《孔子家語》中記載得很清楚，孔子弟子有琴張，一名牢，字子開，亦字張，衛人，跟宗魯是朋友，聽說宗魯死了，想要去弔唁，被孔子阻止。

我們現今閱讀《孔子家語》，它的優點有二：

首先，它是一本了解孔子思想、儒家文化的入門書。要正確了解孔子思想、儒家文化首推《論語》，但畢竟它錄自親炙於孔子弟子第一手資料，忠實反映孔子的一言一行，典正雅馴。其缺點是《論語》為語錄體，只記錄言論，對於言論背後的事件與成因無過多著墨，令人難以理解其中的微言大義。正如《春秋》需要三傳來輔翼，《左傳》詳述春秋時代各國史事，《公羊傳》、《穀梁傳》闡明《春秋》義法，得令孔子作《春秋》寓褒貶於其中的微言大義顯露出來。

孔安國〈後序〉言：「弟子取其正實而切事者，別出為《論語》；其餘則都集錄，名之曰《孔子家語》。」可知《論語》與《孔子家語》乃孿生關係，是孔子弟子所記同一批資料分別輯成，《孔子家語》有具體的人、事、物、故事，正是索解《論語》語錄的最佳入門。

其二，《孔子家語》將古書當中關於孔子的事蹟蒐羅殆全，當然其中排出如《莊子．人間世》孔子教導顏回心齋那等荒誕不經的故事，是以朱熹說：「《家語》雖記得不純，卻是當時書。」、「家語只是王肅編古錄雜記，其書雖多疵，然非王肅所作。」「不純」、「多疵」指《孔子家語》偶有雜入他家思想，要之皆折中於儒家思想。讀一本《孔子家語》等於讀了所有古書中關於孔子的記載，對孔子當有更全面而深刻的認識，脫離僵硬教條的刻板印象，孔子顯得栩栩如生，而且富有喜怒哀樂。

這兩點，是我們現今閱讀《孔子家語》最直觀的感受，看孔子如何從容面對生活中接踵而來的疑難與困境，圓熟的待人接物，親切、和藹又不失堅持，都能為我們做人處事樹立典範，從中體會儒家文化的現實意義，乃在人世間一步步砥礪自我人格，終至完美。

參考資料：

王德成〈《孔子家語》研究的里程碑——讀楊朝明主編的《孔子家語通解》〉，《管子學刊》2007年第1期。

寧鎮疆〈《家語》的「層累」形成考論——阜陽雙古堆一號木牘所見章題與今本《家語》之比較〉，《齊魯學刊》2007年第3期。

宋鶴〈《孔子家語》研究綜述〉，《安徽文學》2008年第11期。

姜贊洙《《孔子家語》研究》，政治大學中文研究所碩士論文，2000年。

羊春秋注譯，《新譯孔子家語》，三民書局，1996年。

Contents／目錄

君子以行言，小人以舌言

Contents／目錄

Contents／目錄

禍至不懼，福至不喜

路無拾遺，器不雕偽

名句的誕生

孔子初仕[1]，為中都宰。制[2]為養生送死之節[3]，長幼異食，強弱異任[4]，男女別塗[5]；路無拾遺，器不雕偽[6]。

~孔子家語·相魯

完全讀懂名句

1. 初仕：開始出仕。
2. 制：制定。
3. 節：禮節。
4. 任：任務、工作。
5. 塗：道路。
6. 雕偽：雕刻裝飾。

孔子開始出仕時，最先擔任中都宰。他制定了養生送死的禮節；依年齡的大小，享用的食物有分等；依體力的強弱，負擔的工作也不同；男女分開行走。在他的治理下，路上即使有人丟失了東西，也沒有人會私自藏起來；市場上販賣的器具，都沒有華麗的雕刻裝飾。

名句的故事

這段話說的是孔子剛剛出仕時的政績表現。《禮記·曲禮上》說：「四十曰強，而仕。」四十歲正值身強力壯，是適合出仕的年齡。而孔子出仕的年齡則晚於四十歲許多，根據《史記·孔子世家》的記載，孔子五十歲才出仕，時為魯定公九年，出任中都宰。

孔子制定了種種制度，除了上述那些，還包括制定葬禮棺槨的厚度，內棺厚四寸，外棺厚五寸。這表示既要節葬，又不願棺槨太快腐朽，在節省花費和表達哀思的孝心間作了折衷。順著丘陵做墳，不壘高土壤凸顯墳墓，也不栽植松柏。他所定的制度推行一年之後，魯國西方的國家紛紛效法，魯定公問孔子說：「用你的方法來治理魯國，行得通嗎？」孔子回答：「即使要治理整個天下也沒問題，哪裡只有魯國而已！」孔子治理中都兩年，魯定公就拔擢孔子做了司空。

「路無拾遺」，又作「路不拾遺」、「道不拾遺」等等，形容社會風氣良好，人人極有廉恥心，不貪圖非自己的財物。「器不雕偽」，又作「器不刻鏤」、「器不雕鏤」等等，形容社會風氣淳樸，沒有譁眾取寵的傾向；亦可表示儉約的風氣，作風不華麗。

歷久彌新說名句

「路無拾遺」後來通常用來形容為官的政績良好。《舊唐書．張允濟傳》記載：張允濟在隋大業年間擔任武陽令，有人清晨出行，在路上丟了衣服，走了十餘里才發覺，旁人告訴他：「我武陽境內，路不拾遺，但能迴取，物必當在。」意思是自豪稱說我們武陽縣境內，大家不會隨意撿起路上的失物占為己有，你只要肯往回走，失物一定在原處。那人聽從旁人的話，果然找回失物。書中對張允濟的評論是「遠近稱之，政績尤異。」無論遠近的人對張允濟都很稱讚，他的政績特別優異。「路無拾遺」常與「夜不閉戶」、「國無盜賊」連用，表示治安良好。

「器不雕偽」在《孔子家語》是形容市場販售的器具，在其他的典籍則用來形容在上位者儉約的行為，如《左傳．哀公元年》：「昔闔廬食不二味，居不重席，室不崇壇，器不彤鏤，宮室不觀，舟車不飾。」意指從前闔廬吃飯不要兩種菜餚，座位的墊子也不鋪兩層，不墊高地基建屋室，使用的器具不塗丹漆、沒有雕刻，宮殿不建觀樓，乘坐的船與車子也都沒有裝飾。形容闔廬生活儉樸，視民如傷，所以能凝聚民心，打敗楚國。

貶君以彰己罪，非禮也

名句的誕生

貶君以彰[1]己罪，非禮也。今合之，所以揜[2]夫子[3]之不臣[4]。

～孔子家語．相魯

完全讀懂名句

1.彰：彰顯。
2.揜：通「掩」，掩飾。
3.夫子：這裡指季桓子的父親季平子。
4.不臣：失去為臣之道。

貶抑君主來彰顯自己的罪過，是不合禮的。現在我把昭公的陵墓和先代群公之墓合在一起，正是為了掩飾你父親不守臣道的事蹟。

名句的故事

故事源起於季平子與郈昭伯因為鬬雞造成的糾紛，結果季平子輸不起，怒而侵略郈氏的領地，郈昭伯對季平子的行為懷恨在心。後來又有臧昭伯的堂弟臧會犯罪，逃到季氏那裡求庇護，臧昭伯因此囚禁季氏的門人，季平子也報復囚禁臧氏的家臣。

臧氏與郈氏向昭公數落季氏的惡行。昭公原本就不能忍受大權旁落，於是起兵討伐季氏，季平子逃到高臺上，請求以五乘車馬出亡，但昭公拒絕。郈氏向昭公建議：「一定要殺了季平子才能服眾。」然而叔孫氏深知一旦季氏死了，叔孫氏也危險，故出兵救季氏，當孟懿子聽到叔孫氏勝利的消息，就把身為使者的郈昭伯殺了。季孫、叔孫、孟孫三家同氣連枝，出兵反擊，最後魯昭公兵敗出奔，最後死在乾侯。

季平子對昭公的行為仍然不忿，將魯昭公葬在魯國群公陵墓墓道的南邊，故意與魯國群公分開。直到孔子身為司空時，時為季平子之子季桓子掌權，孔子才有機會將墓道填平，挖溝渠做新的墓道，將昭公與魯國群公的陵墓合在一塊。孔子對季桓子說：「貶君以彰己罪，非禮也。我這麼做，是為了你好，幫你掩飾你父親的罪過。」

歷久彌新說名句

《左傳》的記載與此略有出入：當昭公的遺體運回國之後，季平子想將他葬在魯國群公的墓園內，但準備挖溝斷絕之間的聯繫，榮駕鶩勸諫道：「生不能事，死又離之，以自旌也。縱子忍之，後必或恥之。」生前你不能侍奉他，死後你又將他與先代群公分開，用來彰顯自己的罪過。即使你忍心這樣做，後世子孫必然有人會引以為恥。季平子才打消了念頭。

季平子又說：「我想為君王加謚號，讓子孫知道他做了什麼好事！」榮駕鶩又進諫道：「生不能事，死又惡之，以自信也，將焉用之？」生前你不能侍奉他，死後又準備給他不好的謚號，破壞他的名聲，彰顯自己罪過，用得著做得這麼過分嗎？這件事才不了了之。

但季平子並沒有將昭公葬在魯國群公的墓園內，而葬在墓道南邊。直到孔子身為司寇時才重新挖掘墓道，將昭公與魯國群公的陵墓合在一起。由此事可知當時權臣驕橫跋扈、無法無天的狀況，連君主都不放在眼裡。

中國人講究「入土為安」、「死後為大」，人的生前無論有什麼惡跡，到此也應該放下，讓他的一生有完滿的結束。謚號的決定，是為這個人的歷史蓋棺論定，必須公正客觀；而季平子任己之好惡，連昭公死後的名聲也想破壞。不讓昭公與魯國群公合葬在一起，更是惡意的詛咒，代表將他疏離、被排斥在外，無法回到祖先靈魂的歸宿，也是不承認其君王的地位的做法。

文事者必有武備，有武事者必有文備

名句的誕生

臣聞：有文事[1]者必有武備[2]，有武事者必有文備。古者諸侯並出疆[3]，必具官以從，請具左右司馬[4]。

～孔子家語．相魯

完全讀懂名句

1.文事：和平的事務。這裡指盟會。
2.武備：軍事方面的準備。
3.疆：國境。
4.左右司馬：掌管軍事的官職。

我聽說：和平的盟會要有軍事的準備，戰爭要有外交談判的準備。古代諸侯一起出國境，一定要有隨行官員，請讓左右司馬隨行。

名句的故事

本句名言是在魯定公與齊景公要在夾谷舉行盟會，孔子做贊禮的儐相時，孔子對魯定公進言所說的話，定公聽從了他的建議。

到了夾谷，魯定公與齊景公登上土壇，相互敬酒完畢，這時變故發生了，齊國唆使其屬國萊人拿著兵器鼓譟起來，想要劫持魯定公。孔子很快地登上臺階，扶持定公下壇來，並且對下面的魯國士兵說：「你們可以拿起武器將那些萊人殺了。我們兩國國君在這裡定盟交好，這些邊地蠻夷竟敢擾亂這神聖的盟會，這不是齊國對待其他諸侯的方式。邊地蠻夷不該意圖侵擾華夏，俘虜不該拿著兵器破壞我們交好的盟會，這不但是對神明不敬，也是悖禮犯義的行為，齊國國君必然不會這麼做！」齊景公聽了孔子的話，內心非常慚愧，就揮手叫萊人退下。

「文事」指的是締結盟約等事，想要盟會順利地進行，武力的準備是必須的。果不其然，在盟會上齊國意欲劫持魯定公，幸虧孔子覷破虛實，早有防範，否則後果不堪設想。同時武力也是盟會談判利益獲取的保證，故曰：「有文事者必有武備。」

而戰爭也並非表面上軍隊互相殺戮而已，暗地亦有使者穿梭斡旋其間，溝通意見，遊說談判，甚或援引外國介入，使戰爭能夠提早結束，或者不戰而屈人之兵，這種種的行為皆謂之「文備」。

歷久彌新說名句

「劫盟」之事在春秋戰國屢見不鮮，這是弱國為己方爭取利益的最佳手段，以極小犧牲獲取極大利益，使得許多人不惜鋌而走險，最有名的劫盟莫過於荊軻刺秦王，只可惜功敗垂成。《史記．刺客列傳》記載的五名刺客，劫盟就占兩名，一是荊軻，一是曹沬。這些大家都比較熟悉，我們下面談談「文武兼備」的毛遂。

戰國時，秦國圍攻趙國首都邯鄲，趙王派遣平原君出使，想與楚國訂立「合從之盟」。平原君說：「使文能取勝，則善矣。文不能取勝，則歃血於華屋之下，必得定從而還。」意思是假使和平的外交談判能夠成功，就再好不過了；如果不行，即使流血犧牲，非得定下合從的盟約才返國。

平原君從門下食客挑了十九位智勇兼具的人，其中一名是自己向平原君自我推薦的毛遂。到了楚國之後，從日出談判到日中，都不能決定，最終毛遂按劍上場，他對楚王說：「您先前之所以敢大聲斥責我，是因為楚國地廣兵多。現在十步之內，我可以令您血濺當場，而您所憑藉的卻救不了您一命。秦國的白起曾經率軍攻克鄢、郢，燒毀夷陵，連您先王的墳墓一起毀壞，這是百世不解之仇。大王您卻不思報仇，只敢在我的主公面前大小聲，這是為什麼？」

楚王迫於毛遂，答應定盟，出兵解了邯鄲之危，毛遂居功厥偉。這個故事充分說明「有文事者必有武備，有武事者必有文備」的道理，戰爭陰影下折衝樽俎之間，談判不順利即加以武力威脅。文事需要武備的支援，而武事亦可用文備來化解。

魯以君子道輔其君，而子獨以夷狄道教寡人

名句的誕生

齊侯歸，責[1]其群臣曰：「魯以君子道輔其君，而子獨以夷狄道教寡人[2]，使得罪。」

～孔子家語．相魯

完全讀懂名句

1.責：責備。

2.寡人：齊侯的自稱。

齊侯回國後，責備他的臣子們說：「魯國用君子之道輔佐他們的國君，而你們卻用夷狄之道教導我，使我犯錯。」

名句的故事

延續上則夾谷之會的故事，齊侯劫持魯定公不成之後，又奏起宮廷音樂，派遣俳優侏儒上前表演、嘲弄魯定公，這時孔子又登上臺階，對所有人說：「匹夫戲弄侮辱了諸侯，罪責應殺，右司馬趕快行刑！」於是把那些俳優侏儒腰斬，讓他們手足異處。

盟會完畢之後，齊侯想要設宴款待魯定公，孔子對梁丘據說：「齊魯舊有的典章制度，您難道沒聽說過嗎？盟會已經完成了，又要辦享宴，會使辦事的人勞累不堪。犧尊和象尊等酒器不可拿出宮門，宴享的的音樂不可在郊外演奏。如果在郊外的享宴準備酒器和音樂是不符合禮節的；如果沒有相應的酒器和音樂，那宴會有如粃糠那般低劣。用極低等級的享宴來款待是侮辱我們國君，你們也會得到違棄禮節的壞名聲。享宴是用來彰顯國家的政治

風範，如果不能彰顯，還不如不舉行！」享宴因此取消。齊侯回國後，才會責怪他的臣子們行事不以正道，而教導他用蠻夷之人的行事方法，致使他貽笑大方。

中國以文化正統、禮義之邦自居，此即為「君子道」；而對周遭未經教化、行事不守禮義的少數民族慣稱「夷狄」、「蠻夷」等。以齊侯的行事觀之，意圖劫盟，是沒有信義；使俳優侏儒侮辱諸侯，破壞盟會的神聖莊嚴；最後享宴違背正禮，故稱之「夷狄道」也。

歷久彌新說名句

這件事《穀梁傳》與《史記》的記載小有不同，《穀梁傳》將此語歸在齊侯使萊人鼓譟，意圖劫盟，被孔子制止之後，齊侯怪罪他的臣子說：「夫人率其君，與之行古人之道；二三子獨率我入夷狄之俗，何為？」意思是孔子引導他們國君行古人之道，而你們卻引導我到夷狄之俗，實在太不像話了！這裡「夷狄之俗」指的是使萊人鼓譟這件事。

《史記．孔子世家》將此語歸在俳優侏儒侮辱魯定公，被孔子命人斬殺之後，齊侯怨懟他的臣子說的話。《史記》是以俳優侏儒侮辱魯定公為「夷狄之道」。他的臣子則進言：「君子有過則謝以質，小人有過則謝以文。」意指君子認錯，必須以具體行動表示；小人認錯，只是嘴巴說說，徒具虛文罷了。齊君於是以歸還齊國侵占魯國的領地表示謝罪。

以現在多元文化包容的眼光來看，中國自居文化正統，將少數民族視為未開化、缺乏禮教的蠻貊之邦，當然是一種文化偏見。重點是個人的德行修養，如果心懷詭詐，即使生於禮義之邦，仍舊是陰險的小人。如子張向孔子請教「行」，孔子回答：「言忠信，行篤敬，雖蠻貊之邦行矣；言不忠信，行不篤敬，雖州里行乎哉？」言語忠實誠懇，行為篤實恭敬，即使蠻貊之邦也可以去得；如果言語不忠實誠懇，行為不篤實恭敬，即使自己所在的州里也會寸步難行。

家不藏甲，邑無百雉之城

名句的誕生

孔子言於定公曰：「家[1]不藏甲[2]，邑無百雉[3]之城，古之制也。今三家[4]過制[5]，請皆損[6]之。」

～孔子家語・相魯

完全讀懂名句

1. 家：卿大夫的采邑。
2. 甲：鎧甲。這裡指武器。
3. 雉：古代計算城牆的單位，長三丈高一丈為一雉。
4. 三家：季孫氏、叔孫氏、孟孫氏三家大夫。
5. 過制：超過制度的規定。
6. 損：減損。

孔子對魯定公說：「卿大夫沒有私人武力，都邑的城牆的長度不得超過三百丈，這是古代就有的制度。現在季孫氏、叔孫氏、孟孫氏三家卿大夫都超過規定，請削減他們的規模。」

名句的故事

這則故事說的是孔子削弱權臣、強化公室的事情。當時孔子位居大司寇，他對魯定公說：「家不藏甲，邑無百雉之城。」現在國內三家權臣都違反規定，必須設法削弱。於是派季孫氏的家臣子路毀壞三家的都邑。先毀壞叔孫氏的都邑，再要毀壞季孫氏的都邑費邑的時候，費邑的管理官公山弗擾就率兵造反了。孔子與定公一道，和季孫、叔孫、孟孫進入費邑的宮殿，登上季武子建造的觀臺。這時費人攻打過來，到了觀臺旁邊，孔子於是命令申句須、樂頎統帥部隊前去討伐，費人大敗，因此順利毀壞三座都邑的城牆。孔子藉此舉強化公室，削弱卿大夫的力量，使得君王受到尊重，權臣的氣燄被壓制，他的政令推行也較之前容易多了。

卿大夫不得畜養私人武力，由故事中可看出，費邑是季孫氏的采邑，費邑的管理官公山弗擾有能力叛逆，顯然私人武力已不受控制，對國家將會造成莫大危害，因此限制私人武力是必須的。都邑的大小一方面是這個經濟力量的反映，有足夠的經濟才能支撐起私人武力的培養；另一方面，城牆亦是武力的表現，可作為根據地，可以防守。所以孔子限制卿大夫這兩方面的擴展。

歷久彌新說名句

春秋時，鄭武公娶姜氏為妻，生了兩個兒子，即後來的莊公和共叔段。因為當初生莊公時發生難產的情況，因此姜氏不喜歡莊公，而偏愛小兒子共叔段，多次向武公請求立共叔段為太子，但沒被允許。

等到莊公即位後，姜氏為共叔段請求制地作為封邑。莊公說：「制地地勢險要，當初虢叔就死在這裡，換別的地方就聽您！」姜氏請求京地，莊公允諾，後來大家就稱共叔段為「京城大叔」。

共叔段在京地不斷擴張勢力，祭仲向莊公進言：「都城過百雉，國之害也。」先王的制度，都城不超過國都的三分之一，現在京城遠遠超過這個面積，發生禍患的話您將無法承受。莊公只是淡淡回答：「多行不義必自斃，你就等著看吧。」

不久之後，共叔段就命令京城西邊和北邊之地要聽他的命令，又進一步囤積糧食、修繕武器鎧甲、聚集兵車，準備攻打國都；而姜氏作為內應，準備在共叔段攻來時為他開啟城門。莊公一直在等候這個時機，藉此理由派兵討伐共叔段。京城人民一齊反抗共叔段，共叔段逃入鄢地；莊公攻打鄢地，共叔段只好出奔共國。這件事就是有名的「鄭伯克段于鄢」。

禍至不懼，福至不喜

名句的誕生

孔子為魯司寇[1]，攝行[2]相事，有喜色。仲由問曰：「由聞君子禍至不懼，福至不喜。今夫子得位而喜，何也？」孔子曰：「然！有是言也，不曰樂以貴下人乎？」

～孔子家語．始誅

完全讀懂名句

1.司寇：官職名，專門掌管刑獄。
2.攝行：代理行使職權。

孔子當上了魯國的大司法官，代理相國事務；他的面容露出了高興的神情。子路問：「我聽說君子對於災禍不會畏懼，福事降臨也不會喜於形色。如今您因為得到大官位而顯得喜悅，這是為什麼呢？」孔子回答：「沒錯！但也有那麼一句話，不是說君子歡喜於居處尊位而對人謙恭嗎？」

名句的故事

在孔門中，子路是一位說話率直的學生。見到仕途向來不太順遂的老師，當上高官後竟然面露喜色，直腸子的子路深感疑惑。子路所認知的君子，應該是泰山崩於前而面不改色、喜事臨門也不露高興得意的樣子才對。子路捺不住滿腹狐疑，直接請問夫子。

孔子沒有否定子路的觀念，但他的回答引導學生從表面的神情觀察，進入君子內在心境的體會。君子的情緒，的確不應該隨著外在的禍福而波動變化；但是君子也是人，他也有喜怒哀樂的表情。那麼，君子會為了什麼事情而喜樂呢？孔子在這裡指出其中一件，即「樂以貴下人」。

若問，以貴下人何樂之有？孔子所體認的君子，是善於教導、以忠恕之道處世的人。當君子取得較高的政治地位時，意味他有能力感化更多人；又因為他處尊位而仍然謙恭好禮，一般人也就更能感受到君子美德的難能可貴。所以，得志的君子若看起來滿面春風的樣子，絕不是因為擁有名利而沾沾自喜，讓他滿心歡喜的，是終於能在權力核心之下實踐並體現仁道啊！

歷久彌新說名句

古人談修養論時，很喜歡涉及禍福的議題。禍福是屬於外在的際遇，有時不是一己之力可以控制的。常言道：「旦夕禍福。」，指的就是福禍無端、不可預測。「禍至不懼，福至不喜」是要人們即使身處在命運變化中，仍能安住不亂。

《淮南子．詮言》從反面的情狀，將這句話做了延伸：「不知道者，釋其所已有，而求其所未得也；苦心愁慮以行曲，故福至則喜，禍至則怖。」在日常生活中，大家不免要為了生存謀算每件事。如果算盤打對了，利益與幸福同時降臨，人們感到快樂；若是算盤打錯了，損失和災禍同時來報到，就又感到焦慮害怕。在喜與悲、禍與福之間穿梭的，是患得患失的一顆心；倘若放下這顆心，即使照樣循著合理管道盤算生計，也不至於隨著禍福波動而痛苦不已。

這是一種「不動心」，其祕訣來自於「知」。古諺云：「塞翁失馬，焉知非福。」因為「知」，塞翁面對禍福就能「不動」。《淮南子》將這個「知」看作為通曉事物運行的規律，孔子則將其看為深體仁道；這兩種說法都值得參考借鏡。

入山澤以其時，而無征

名句的誕生

入山澤以其時，而無征[1]，關譏[2]市鄽[3]，皆不收賦。此則生財之路，而明王節之，何財之費乎？

～孔子家語．王言解

完全讀懂名句

1.征：徵稅、抽稅。
2.關譏：關卡。譏，稽查。
3.市鄽：鄽，音ㄔㄢˊ。市鄽，市集。

讓人民在適當的季節到山林水澤裡去採伐漁獵，而不加以徵稅。關卡只用來稽查、盤問那些奇裝異服或可疑的人，市集只是為了人民交易的方便，都不是為了徵稅。這就是生財之道，由英明的君主來支配節制，那麼還會需要什麼花費嗎？

名句的故事

「入山澤以其時，而無征」這句名言，所要傳達的理念是在適當的季節中，要開放人民進入山林川澤中採伐田獵，這樣做的目的，並不是為了徵稅，其主要用意有二：

第一：古代以農立國，只有在秋收之後，人民才有閒暇的時間。如果在秋收之前，開放人民進入山澤採伐田獵，那樣會破壞農民耕作的時間，而人民為了獲得採伐田獵的高額利益，就會捨棄耕種，因此時間以秋收之後的時節為佳。

第二：按照自然法則，秋天之後即將入

冬，野獸會盡量覓食以求飽食才能安然度過寒冷的冬天，而植物也會在入冬以後，陸續凋零而失去它的經濟價值，於是統治者就會在秋天開放人民進入山澤採伐田獵，這是符合自然法則的。

基於上述兩點，古代統治者在治理人民時，一定會按照自然法則，在秋收之後，開放人民進入山澤之中，進行田獵與採伐，以獲得農耕之外的經濟利益。這樣的措施，也被先秦儒家視為一種重要的施政措施，孟子更將這種措施，視為「仁政」，他認為如果統治者破壞這種措施，不施行「仁政」的話，這個統治者在不久的將來，一定會滅亡。

歷久彌新說名句

在先秦古籍中，最能夠體現上述名句的精神，就是《孟子》一書。《孟子》中記載一則著名的故事。

戰國時魏國的梁惠王認為自己治理國家費盡心力，如果河內有飢荒，就將百姓遷移到河東，同時也將河東的糧食運到河內，反之亦然。可是魏國國內百姓卻未因此增加，也沒有什麼人移民至魏國定居，梁惠王感到相當困惑。孟子於是用了一個比喻來反問梁惠王，孟子請教梁惠王說，如果在作戰時，士兵拋盔棄甲逃跑了，有人逃了一百步，有的人則逃了五十步，那逃五十步的士兵，可以恥笑逃一百步的士兵嗎？

答案顯然是不行的！於是孟子直接了當指出，梁惠王所用的方法與五十步笑百步無異，不過就是挖東牆補西牆，治標不治本，真正治本的方式在於施行「仁政」，唯有施行「仁政」，才能讓人民安居樂業。

所謂的「仁政」就是要做到以下幾點，例如讓兵役、傜役在不妨害農業生產的季節進行，這樣的話糧食就會吃不完；不讓人民使用太細密的魚網捕魚，這樣魚群就會取之不盡；適當的季節中，開放人民入山砍伐樹木，這樣木材就會用之不竭。如果糧食、魚群取之不盡，木材用之不竭，那麼國內的人口自然會增加。

如果詳細對孟子所提出「仁政」分析的話，他所說的「在適當的季節中，開放人民入山砍伐樹木，木材就會用之不竭……糧食、魚鱉取之不盡，木材用之不竭」的話，其實就是「入山澤以其時，而無征」的意思。這種施政方針，在孟子的學說之中，就是一種「仁政」，是為政所要施行的重要政策。

人君先立仁於己，然後大夫忠而士信

名句的誕生

是故人君先立仁[1]於己，然後大夫忠而士信，民敦俗璞[2]，男愨[3]而女貞。

～孔子家語．王言解

完全讀懂名句

1.仁：親民愛人之意。

2.璞：未經雕琢的玉，引申為自然、古樸。

3.愨：音ㄑㄩㄝˋ，恭謹、謹慎的樣子。

所以人君首先要樹立自己的親民愛人的形象，那麼大夫就會忠誠，士人就會誠實，百姓就會敦厚樸實，風俗就會古樸自然，男子則恭謹樸實，而女子則守貞節。

名句的故事

孔子有一次對自己的學生曾子提及古代君王治理國家的方法，孔子認為古代君王治理天下的不二法門，就是「道德」二字。然而曾子還是無法立即瞭解，於是孔子就用具體的施政方式，也就是「七教」、「三至」來向曾子進一步說明。

所謂的「七教」就是「君主尊敬老者，人民就會更加孝順父母」、「君主遵從長幼之序，人民就會友愛自己手足」、「君主樂於施捨，人民就會更加寬厚」、「君主親近德才兼備的人，人民更加會選擇能增廣自己德行的人交往」、「君主喜歡修德的話，人民就不會做不可告人的事」、「君主憎恨貪汙，人民就會以爭奪為恥」、「君主清廉禮讓，人民就會更加遵守禮節」

如果仔細分析孔子所揭示「七教」的內在精神，其實都是緊扣著「先從君王自我做起」這個原則出發，孔子認為只要君王能夠先從自我做起，人民就會受到感召，自然也會風行草偃。這種精神其實就是與「人君先立仁於己，然後大夫忠而士信」所要的強調的大致相似。換言之，只要能夠掌握這段名句的精神，「七教」是很容易被施行的。

總之，「人君先立仁於己，然後大夫忠而士信」所要傳達的概念是「唯有君主先樹德於己，然後下面的人才會用忠信來要求自己」。換句話說，上面的人要下面的人如何做，最好或最快的方式，就是自己先樹立表率。

歷久彌新說名句

在先秦儒家中，對於「人君先立仁於己，然後大夫忠而士信」這樣的概念，是一直反覆陳述著。春秋時魯國的季康子向孔子請教治國之道。孔子對季康子說：「為政，就是為『正』，如果能夠先以端正自己作為表率，那麼其他人怎麼會不端正自己呢？」像孔子這樣的「為政為正」的主張，就與「人君先立仁於己，然後大夫忠而士信」這段名句的精神一致。

孔子認為自身的行為若能端正，就算是不發號施令，下面的人也會跟著你的所作所為來效法。反之，若不能端正自身的行為，即使三令五申，也沒有人會聽從。若能夠端正自身行為，那麼從政治國會有什麼困難呢？因為大家都會效法您的所作所為！如果不能夠端正自身的行為，又怎麼能夠去端正別人呢？而孟子也說：「自己不正直，是不可能使別人正直的。」

孔子與孟子都強調：只有先從統治者本身做起，人民自然就會風行草偃加以效法學習。

上之親下也，如手足之於腹心

名句的誕生

上之親下也，如手足之於腹心；下之親上也，如幼子之於慈母矣。上下相親如此，故令則從，施則行。民懷其德，近者悅服，遠者來附[1]，政之致[2]也。

～孔子家語．王言解

完全讀懂名句

1.附：讓近的人民心悅誠服，讓遠的人民前來歸附。

2.致：極致。

在上位的君主親愛自己的人民，就該像手足對待自己的心腹；在下位的人民信任自己的君主，就該像幼兒對於自己的慈母。如果上下互相親愛，到了這樣的程度，那麼君主有何命令人民就會遵從，君主有何措施人民就會施行。人民感懷君主的恩德，於是附近的人民就會心悅誠服，遠方的人民也會前來歸附，這就是為政的極致了！

名句的故事

在〈王言解〉這篇文章中，孔子向他的學生曾子揭示古代君王治理國家的原則，在於「七教」與「三至」兩個重要方針。這兩個方針的內在精神實際上可歸類為兩種，第一是君王若能從要求自身做起，那麼人民自然就會風行草偃並加以效法；第二是君王對待臣民，不能只將他們視為被統治者，應當要將他們視為自己身體某部份的延伸，或視民如子。「上之親下也，如手足之於腹心」這段名句，就是屬於第二類。

孔子認為，如果君王能夠將臣民視為自己身體某部份的延續，或者視之為自己子女的話，那麼臣民的種種一切，君王自然會「視如己身」、「視如己出」。因此，君王在治理國家時，一定會去視察人民的生活情況，會撫卹無依無靠的老人，收養孤苦無依的小孩，也會替無法生存的貧病之人免除其勞役。這些施政措施，都是將臣民「視為己身」、「視為己出」之後，所延伸出來的仁愛之心。

總而言之，「上之親下也，如手足之於腹心」這段名句，所要傳達的理念就是「君主如何對待臣下百姓，臣下百姓就會如何對待君主」，而先秦時代的儒家，對於君臣、君民的關係，正是採取這種觀點，這種關係是「相對」的，而不是「絕對」的，並且是一種倫常關係的延續，而非專制威權的關係。

歷久彌新說名句

先秦儒家對於君臣關係與君民關係的認識，最著名的例子就是《孟子》與《詩經》的兩則記載。

孟子有一次向齊宣王說，如果君主對待臣子像手足般親切，那麼臣子就會將君主當成心腹般愛戴。反之，如果君主對待臣子像犬馬般鄙視，臣子只會將君主當成路人般疏離。如果君主對待臣子像泥土、草芥般隨意踐踏，那麼臣子對待君主就會像仇人般痛恨之。像孟子這樣的主張，就是認為君臣是「相對」的關係，可以改變，而不是「絕對」的關係，因此臣子如何對待君王，取決於君王如何對待臣子。孟子這段話的精神，其實就蘊含在「上之親下也，如手足之於腹心；下之親上也，如幼子之於慈母矣」這段名句之中。

至於君民關係，先秦儒家則是視為一種「父母與子女的關係」，例如《詩經》認為道德美好的統治者，就是人民的父母。由於將人民視為自己的子女，那麼人民所遭受的一切，君王自然感同身受，會替人民解壺倒懸。

如果君主能夠用「相對」的關係來對待自己臣子，用對待子女的態度來看待自己的子民，那麼這位君主自然會受到臣民的愛戴與擁護，臣民自然也願意為君主赴湯蹈火在所不辭。

兵革不動而威，用利不施而親

名句的誕生

是故兵革[1]不動而威，用[2]利不施而親，萬民懷其惠，此之謂明王之守，折衝[3]千里之外者也。

～孔子家語．王言解

完全讀懂名句

1.兵革：武力。

2.用：古通「庸」，意指功勞。

3.折衝：打退敵人攻城的戰車，意指拒敵取勝。

因此不必動用武力，就會讓人感到震怖，不用頒贈官爵、贈送利祿，人民就會親近於你，萬民都會感懷他的恩惠。這就是所謂：英明的君主，看起來是採取守勢，其實是把所有問題都在千里之外解決了。

名句的故事

在〈王言解〉這篇文章之中，孔子對曾子說古代君王治理國家的兩個重要方針「七教」、「三至」。孔子點出「七教」與「三至」的施行用意，都是為了讓人民能夠感懷君王的恩德，願意自動自發替君王效勞，甚至是赴湯蹈火。

因此，人民一旦感懷著君王的恩德，就會將君王視為自己的父母一般，捍衛君王就像保護自己的父母一樣，其決心是堅定不移，而士氣是慷慨激昂的。所以即使沒有戰爭，人民保護君王的決心與士氣，仍舊會讓敵人感到震怖，這就是孔子所說的「兵革不動而威」。

再者，由於人民感懷君王的恩德，因此君王勞役或驅使人民時，人民會心甘情願為君王效勞，而君王也不需要利用功名利祿來收買人民，而這就是孔子所謂的「用利不施而親」。

總而言之，就「兵革不動而威，用利不施而親」這段名句而言，它所要傳達的理念是國家真正的實力或真正的武器，不在於擁有精良的裝備與士兵，也不在於能夠用利益或官祿來驅使人民，最重要的其實就是「仁者無敵」四個字。

只有君王施行仁政，讓人民自然而然會自發性支持君王，會願意替君王赴湯蹈火。這種精神其實遠比任何實質武器的威力還要強大。因為再精良的武器，再完善的策略，終究是要靠人民去施行，如果人民早已失去捍衛君王、保衛國家的意願，這些終究派不上用場的。

歷久彌新說名句

「兵革不動而威，用利不施而親」這段名句，事實上可與「仁者無敵」的概念，相互參照與發揮。

先秦儒家對於「仁者無敵」的概念相當重視，這句話正是孟子提出來的。戰國時魏國的梁惠王在執政時，東邊被齊國打敗，犧牲了他的長子，西邊又因敗於秦國，而割讓七百里的土地，南邊受挫於楚國。於是他向孟子請益，要如何才能雪恥，要如何才能再次稱霸。孟子說其實你只要施行仁政，就能夠無敵於天下。

仁政的內容包含減免刑罰、少收賦稅、深耕細作與及時除草，而且要讓身強力壯的人，抽出時間修習孝順、尊敬、忠誠、守信等等的品德，讓他們在家能夠侍奉父母兄長，出外能夠尊敬長輩。如果都能做到這些的話，就是讓他們手執木棒，他們也會願意替你擊退那些穿戴堅固盔甲，以及手持銳利刀槍的秦、楚軍隊了。

因為孟子認為，像秦國、楚國那些執政者，剝奪人民的生產時間，讓他們無法深耕細作來奉養父母，使他們的父母經常受凍挨餓，兄弟妻子東離西散，使人民陷入痛苦深淵之中。如果你去替他們弔民伐罪，那些人民一定不會抵擋你的！

「在德不在險」的故事也可與這段名句相互參照。戰國時魏國國君魏武侯與吳起兩人泛舟於黃河之上，等船來到中游時，魏武侯對吳起表示此處是山河的險要之地，易守難攻，這真是上天贈予魏國的重要瑰寶！

然而，吳起卻回答：「真正的瑰寶，所要憑據的是『仁德』而不是仰賴『天險』。像過去以為能夠依靠天險，而不修習仁德的三苗氏，由於荼毒生靈，最後被夏禹所滅；夏桀不修仁德，雖然有險要的山河天險，最終也被商湯流放；商紂不施德政，雖然憑藉山險，最後依然會被周武王所取代。由此可見，治理國家在於修習仁德而不在於憑藉天險。如果大王不修仁德，可能同船之人，將來都會變成敵人！」

魏武侯聽完之後，對吳起的說法深表贊同。

無論是孟子所說的「仁者無敵」，或是吳起所說的「在德不在險」都與這段名句有相同的內在精神，都是要執政者施行仁政，如此國家才能長治久安。

夫婦別，男女親，君臣信，三者正，則庶物從之

名句的誕生

公曰：「敢問為政如之何？」孔子對曰：「夫婦別[1]、男女親[2]、君臣信[3]，三者正[4]，則庶物從之。」

~孔子家語．大婚禮

完全讀懂名句

1.別：區分、差別，這裡指的是夫主外，婦主內，責任不同，各有各的職責。
2.親：親情。
3.信：誠信。
4.正：合於規範。

魯哀公問：「處理政事要如何做呢？」孔子回答說：「讓夫婦之間有所區別，各司其職責；讓男女之間能像家人般講求親情；讓君臣之間能彼此講求誠信，這三件如果都能合於規範，那麼萬物都可以依照規範順利進行了。」

名句的故事

儒家講求「三綱五常」，所謂的「三綱」指的即是君臣、夫婦、父子之道。在古代，男女地位雖然存在尊卑的不平等，但是孔子對於夫婦間的婚姻關係卻是相當重視的。

有一次，魯哀公問孔子：「要一個身為君主的人，穿著大禮服親自去女方家迎娶，這樣的禮節是不是太隆重了？」孔子聽了有點不高興，嚴肅回答：「結婚是兩個家族結合，是延續先聖後裔的大事，同時也是迎接之後要一起祭祀天地、宗廟和社稷的另一位主人，您怎麼

會說親自去迎娶的禮節太隆重了呢？」

哀公聽了很慚愧，於是請孔子詳細說明，孔子說：「天地如果不合，那麼萬物都沒辦法生長。君主的大婚，關係到後世子孫的延續，這樣的禮節怎麼會太過呢？」

身為國君的魯哀公原本對於身為國君要穿著大禮服，親自去女方家迎娶的事相當不以為然，聽完孔子的解說之後，哀公才頓悟，結婚不是兩個人的事，而是兩個家族，甚至關係到萬代子嗣的大事。尤其國君對婚姻的態度和做法，對百姓也有示範作用，實在不能不慎重。

孔子認為，國君所迎娶的妻子是要一起祭祀宗廟和天地的，因此對於婚事禮節的隆重，自然有其深遠的意義，是絕對不能輕忽而怠慢的。

由此可知孔子對於「婚姻」相當重視，君主的婚姻是延續先聖後嗣並共同祭祀天地宗廟，而平民百姓的婚姻也是要延續子嗣並且共同祭祀宗祠的，這都是承先啟後的重要環節，當然必須慎重。

歷久彌新說名句

每當有人問起孔子的為政之道時，孔子總是把人民擺在第一位，不斷告訴在上位者「人民最大」，可見他的思想是「以人為本」。既然是以人為本，那麼就必須讓每個人都知道自己的職責，也就是要處理好人際關係。在孔子的想法裡，只要把夫婦、男女、君臣間的職責畫分清楚，那麼其他事自然就會水到渠成。

周幽王的妃子褒姒不愛笑，幽王為了博得褒姒一笑，不惜利用烽火來戲弄諸候，最後不但毀了自己，也毀了周朝，這正是君對臣沒有誠信的惡果。

齊靈公喜歡看女子打扮成男子的模樣，於是宮中的女子為了博取君主的歡心，紛紛都做男子妝扮。這股風氣流傳到民間，整個國家漸漸都流行起女扮男裝。雖然齊靈公派官吏去禁止百姓這麼做，但是卻不能禁止女扮男裝的風潮。有一天，晏子來見齊靈公，齊靈公把這個問題告訴晏子，詢問該如何解決。晏子回答說：「您在宮內提倡，卻在民間禁止，百姓們當然不會遵從。如果您在宮內禁止女扮男裝，試問百姓還有誰敢違抗呢？」於是齊靈公下令嚴禁宮內女扮男裝，不到一個月的時間，整個國家就不再有女扮男裝的情形了。

可見，身為統治者的所作所為，對人民的影響是多麼大，因此孔子才會說只要將夫婦、男女、君臣間的關係處理好，那麼萬物自然而然都會依循常規來運行了。

為政先乎禮，禮其政之本

名句的誕生

內以治[1]宗廟之禮，足以配[2]天地之神；出以治直言之禮，以立上下之敬；物恥則足以振[3]之，國恥足以興之。故為政先乎禮，禮其政之本與。

～孔子家語．大婚解

完全讀懂名句

1.治：管理、統理。
2.配：媲美。
3.振：挽救、補救。

對內的話，君主可以統理宗廟祭祀的各種禮儀規範，並足以媲美對天地神祇的崇敬；對外的話，可以管理國家的政務和執行教令，同時還可以建立上下之間彼此尊敬的禮節。若臣子做了有愧於心的錯事，可以用禮來補救使其重回正軌；若君主做了有辱國家尊嚴的事，可以用禮來恢復其地位和形象。所以處理政務，要先懂禮，禮正是一切政教的根本啊！

名句的故事

孔子終其一生，都在為恢復先朝的禮制而奮鬥，在孔子及其門生看來，禮制崩壞正是犯上作亂、社會失序的根源。在這樣的局面下，解決的對策就是「強調禮的重要性」、「克己復禮」。魯定公曾問孔子君臣之道，孔子認為君王要臣子做事須以禮，要尊敬對方，千萬不可高高在上以命令的語氣去指使，在下位的人自然會忠心耿耿，盡心盡力而不會敷衍了事。

要臣子辦事謙恭有禮，讓臣子感到受尊重，自然會忠心完成所交託的任務。《論語‧八佾》孔子雖然有時會感慨禮不復存在，但他始終沒有放棄對「禮」的追求，他認為君臣都要講究禮，只有這樣上下才會和諧，「禮治」國家也才能實現。

孔子對於違背禮的言行舉止，感到非常痛恨，他曾憤怒指責三桓僭用天子之禮。當時的時空背景，魯國有孟孫、叔孫、季孫三大家族，位高權重、目無法紀。當他們在家廟舉行祭祀，典禮最後撤除祭品時，竟然歌頌起原本是天子祭祀的場合才歌頌的《詩經》雍詩，擺明是僭禮、自抬身分貶抑天子的傲慢行為。孔子對他們的行為深惡痛決，因為孔子認為這是僭越身分、不分長幼、輕視天子的行為，這種行為實在是不能忍受。

魯國三家還曾將國君趕出魯國，讓魯君客死齊國境內，後來專擅攬權，不斷削弱魯君的勢力。最後，三家的家臣也群起效尤，分別作亂，嚴重影響三家的存亡，危及三家大夫的性命，這正是自食「僭禮違紀」的惡果。

歷久彌新說名句

禮是孔子思想的實際起點，也是其邏輯起點。所謂禮指的是周禮。禮有兩個重要原則，其一為尊上，就是把人分為許多等級，保持卑賤者對尊貴者的尊崇，承認貴族的特權。另一重要原則為親親，表示對父母兄弟及對親族的愛，包括父慈子孝兄友弟恭，不過孔子強調的是子對父母的孝順和弟對兄長的恭敬。

尊尊是等級制和君主制原則，親親是宗法制原則。為了維護它們，孔子提出「正名」主張，即是用一個人的名分所規定的義務去要求他，使他的言行與名分相符。孔子說的「君君、臣臣、父父、子子」也就是以君臣父子之名，正君臣父子之實的意思。孔子心中的禮脫離宗教的範疇，成為人文世界的規範和秩序，這不只是外在之於人性的規矩，孔子賦予禮以內在理性（仁）的基礎，使禮的實踐成為內發的行為，以達到自我控制的地步。

不敬其身，是傷其親

名句的誕生

昔三代明王[1]，必敬妻子[2]也，蓋有道[3]焉。妻也者，親[4]之主[5]也；子也者，親之後[6]也，敢不敬與？是故君子無不敬。敬也者，敬身[7]為大。身也者，親之支[8]也，敢不敬與？不敬其身，是傷其親。傷其親，是傷本也。傷其本，則支從之而亡。

～孔子家語．大婚解

完全讀懂名句

1.三代明王：夏、商、周這三代賢明的君主。
2.妻子：這裡指的是妻和子。
3.道：道理。
4.親：「親」泛稱和自己有血緣或因婚姻而建立親戚關係的人，即家人、家族。
5.主：事物的根本。
6.後：子孫。
7.身：自己。
8.支：草木的枝條，通「枝」。因為每個人都是父母所生，就像草木一樣，是父母衍生出來的枝條。

從前夏、商、周三代賢明的君主一定尊重、愛護自己的妻與子，這是有道理的。因為妻是一個家庭的根本，子則是整個家族的後代，怎麼敢不尊重、愛護呢？因此，君子是沒有不尊重、愛護妻與子的。說到尊重、愛護，最重要的就是尊重愛護自己。因為自己是父母所衍生的支脈，怎麼敢不愛護尊重呢？不愛護尊重自己，就是傷害自己的父母。傷害父母就是傷害自己的根本，根本受到傷害，枝葉哪有不受到傷害甚至死亡的。

名句的故事

有一天，孔子與曾參分享關於古代聖王的一種美好的品德和令人佩服的做人原則，聖王以此來治理天下，讓民眾學習和效法，社會上就會出現和睦相處的好風氣，官與民不會有相互怨恨的現象。孔子詢問曾參是否知道這是什麼樣的品德和原則？

曾參肅然起敬請教孔夫子究竟是什麼樣深奧的道理可以有如此的力量。

於是孔子明白指出「孝道」是德行的根本、教化的出發點。孝道的範圍雖然很廣，但施行的方式卻很簡單。愛親，先從珍惜自己、愛護自己開始。一個人的身體，小至一根頭髮和皮膚都是父母遺留下來的，既然承受之於父母，就應當體念父母愛子的心，保全自己的身體，不敢稍有毀傷，這就是孝道的開始。讓自己健康成長，按正確的原則處世待人，讓自己的名字為後人所景仰，使後世知道自己的父母教導有方，這些都是行孝盡孝的方式。

總而言之，健康的身心是做人做事最基本的條件，我們每個人都是父母延伸出來的支脈，因為我們必須珍惜愛護自己，才不至於傷害了父母，也傷害了自己的根本。

歷久彌新說名句

「君子無不敬」，有道德修養之人不但懂得敬愛妻與子，更重要的是會先敬愛自己。然而敬愛自己，是源於那顆至誠孝敬父母之心，因為自己是父母所衍生出來的支脈，懂得敬愛自己，便會謹慎守分，不做有辱父母之事，自然也更懂得敬愛他人。接下來，應該把這敬愛之心推廣出去，從愛自己，推向愛他人。

孟子曾經勸梁惠王實行王道仁政，梁惠王覺得自己做不到，孟子於是回答：「老吾老，以及人之老；幼吾幼，以及人之幼。天下可運於掌。」意思指要能夠尊敬家中的老人，也要尊重其他的老人；愛護自己的孩子，也要愛護別人的孩子。若能這樣做，治理天下就像在手掌心轉動東西那樣容易。

在《禮記．禮運大同》中，孔子也曾提到「故人不獨親其親，不獨子其子」，孔子所希望的大同世界是每個人不單只親近愛護自己的親人、愛護自己的子女，同時也要能愛護他人。

心中存「敬」念，凡事成功一半。按照孔子的想法，愛身、愛妻、愛子，這三種愛是一切愛的開始。然後才能推己及人去愛護人民、愛國家及天下。可見，有此一顆愛敬存心，不僅有益自身的立身修道，同時也是在齊家、治國、平天下，意義深遠重大，怎能不提醒自己「無不敬」呢？

仁人不過乎物，孝子不過乎親

名句的誕生

仁人不過[1]乎物[2]，孝子不過乎親。是故仁人之事親也如事天，事天如事親，此謂孝子成身[3]。

~孔子家語．大婚解

完全讀懂名句

1. 過：超出、超越。
2. 物：規範、標準。
3. 身：品格、修養。

懷有仁德者，不逾越事物的自然規律，孝子不逾越血緣親情的秩序。所以有仁德者侍奉雙親如同侍奉上天般尊敬，侍奉上天也如同侍奉雙親般尊敬，這是成為孝子的品格修養。

名句的故事

「仁」是孔子思想學說的核心，雖然在孔子之前就已經有「仁」的觀念，但是孔子對「仁」的重視和闡述提高了它的重要性，同時也豐富「仁」的內涵，昇華「仁」的意義。

所謂「仁」，是一種內在的道德品質，取決於個人的自我道德修養。孔子明確提出，「仁」即「愛人」。孔子認為「仁」既是每個人必備的修養，又是治國平天下必須遵循的原則。仁是一種道德的自覺，出於人格的覺悟，當人履行了道德便覺得心安，反之即感到負罪時，他就是一位仁人。

孔子還倡導以「孝悌」為基礎的倫理觀念，指出「孝弟也者，其為仁之本。」儒家有

「百行孝為先」之說，《孝經》也提到：「孝，德之本也。」任何道德缺陷都可追溯到孝心。《孟子．離婁上》：「仁之實，事親是也。」在儒家的思想中，對孝敬父母的推崇可說相當極致。任何一部儒家的經典，都可以看到孝道的論述。「孝」是中國倫理道德的源頭，一切的道德都是從孝開始，最終也都可以歸結為孝的運用與推行。

歷久彌新說名句

「順物」是道家老莊學派的觀點，在這裡孔子也極為推崇，足以說明此條規律具有普遍性。任何人在規律面前都不能逞強，否則就會受到懲罰，聖人也不例外。

得到越王勾踐重用的范蠡，勵精圖治，凡事必順天道，輔佐越王二十餘年，終於復國成功。但他知道越王可以共患難，但不可以共富貴，於是拋棄了功名利祿，輾轉來到齊國。

范蠡在齊國隱姓埋名，自稱「鴟夷子皮」，沒幾年就累積了數十萬家產。齊人仰慕范蠡的賢能，於是要拜他做國相。范蠡嘆息道：「住在家裡就積累千金財產，做官就達到卿相，這是平民百姓能達到的最高地位了。可是，長久享受尊貴的名號並不吉祥。」於是辭相散財，再次悄然離去。

范蠡來到了陶地，認為這裡是天下的中心，交易買賣的道路通暢，於是在此定居，不久後，他再度積累很多財富，人稱「陶朱公」。

范蠡順天道，明進退，視功名利祿為身外之物，在榮華富貴當前並沒有迷失，沒有被錢財和功名所左右，反而能夠重德行善，屢次散盡家財施濟貧困，既救助他人又保全了自己，司馬遷稱讚他是「富好行其德者」。

「順物」、「順天道」放諸四海皆準，天地之間自有一套運行的法則，仁人不逾越其標準，這便是止於至善。

己有才而以資鄰國，難以言智也

名句的誕生

國有聖人[1]，而不能用，欲以求治[2]；是猶卻步[3]而欲求及[4]前人，不可得已。今孔子在衛，衛將用之，己有才而以資[5]鄰國，難以言智也。請以重幣迎之。

~孔子家語．儒行解

完全讀懂名句

1.聖人：有完美品德的人，專稱孔子。
2.求治：力求有所作為。
3.卻步：倒退走。
4.及：趕得上。
5.資：供給、幫助。

我國有品德修養最完美的人卻不能任用他，卻想力求有所作為，這如同倒退走卻想趕上前面的人，是不可能的事。現在孔子人在衛國，衛國將任用他。自己有的優秀人才卻提供給鄰國，這實在很難說是明智的行為。請用厚重的禮物迎請孔子回國吧！

名句的故事

孔子五十六歲那年，魯定公命令孔子以大司馬的官銜代理宰相職務。孔子代理宰相三個月，把魯國治理得井井有條。齊國人得知之後很擔心受怕。因為他們認為孔子把魯國治理得強盛了，魯國一定會稱霸，這樣的話，身為鄰國的齊國，一定會被魯國侵占或吞併。

於是齊國大夫黎鉏就向齊景公建議，不如想個法子阻止魯國稱霸。

黎鉏挑選了八十名美女，穿著華衣，奏著康樂，坐在豪奢的馬車上，送到魯國去。季桓子接受了齊國贈送的女樂，也勸魯君接受這些美女，於是君臣耽溺女色，怠於政事，多日不理朝中政務，孔子看到這種情形，知道大勢已去，於是離開魯國，展開十四年周遊列國。

孔子離開魯國，先到衛國，衛靈公按照孔子在魯國的待遇給予俸祿。之後衛靈公聽信讒言，監視孔子，孔子怕衛君加罪於他，於是離開衛國，前往陳國。

幾年後，魯國的季桓子病重，他後悔過去未能重用孔子而影響魯國的振興。臨死之前，囑其子季康子要召回孔子以相魯。後來由於公之魚的阻攔，季康子改變主意，改召孔子弟子冉求。這一年，孔子已經六十歲了，他很想回到家鄉為魯國貢獻一己之力。

孔子六十八歲那年，齊國出兵攻魯國，冉求領軍作戰，打敗了齊軍。季氏問他是怎樣學會作戰的，冉求說學於孔子，遂推薦孔子給季氏。季氏派公華、公賓、公林以幣迎孔子歸魯。至此，孔子才結束了顛沛流離的生活，回到魯國定居。

孔子回來之後，魯哀公和季康子都相繼向孔子問政，可惜的是魯國最終還是沒有重用孔子，孔子也不想再為官。他專心致力於文獻整理和教育工作，培育治國賢才。

歷久彌新說名句

春秋時代，楚國一位大夫伍舉。某次伍舉的岳父王子牟犯法，畏罪潛逃，有人說是伍舉私下報的信。謠言一傳開，伍舉相當驚惶，於是跑到鄭國去避風頭。過了一段時間，他想去晉國。正好此時楚國大夫聲子出使晉國，路過鄭國，遇上了伍舉。聲子知道伍舉的事之後，建議他說：「你先去晉國住一段時間，我找個機會讓你早日回國。」

聲子是蔡國太師子朝的兒子，在楚國當官。他回到楚國後，和宰相子木見面，特別著重談論晉國統治階層的情況。子木問他：「晉國大夫和楚國大夫相比，哪一國的強？」聲子說：「晉國有才能的大夫不少，但是大部分是從楚國去的。因為楚國不會利用人才。過去楚國幾次被晉國打敗，就是因為有這些人替晉國出謀劃策。」子木聽了若有所思。

聲子接著又說：「伍舉出逃是因為別人的謠言，假如不請回來，楚國又將失去一位人才。」子木接受了他的建議，不久伍舉回到楚國。成語「楚材晉用」、「晉得楚材」就是源於這個故事，比喻自己的人才被他人所利用。後世更以「楚材」比喻為人才的意思。

同己不與，異己不非

名句的誕生

儒有澡身浴德[1]，陳言[2]而伏[3]，靜言而正[4]之，而上下不知也。默而翹[5]之，又不急為也。不臨深而為高，不加少而為多。世治不輕[6]，世亂不沮[7]。同己不與[8]，異己不非[9]。

～孔子家語．儒行解

完全讀懂名句

1.澡身浴德：自我修養而使身心純淨清白。
2.陳言：提出建議。
3.伏：聽候裁決。
4.正：糾正、匡正。
5.翹：舉起、抬高。
6.不輕：不妄自菲薄。
7.不沮：不沮喪。
8.與：親近、親附。
9.非：非議、詆毀。

儒者自我修身養性而使身心純淨清白。向上位者提出謀略建議之後，就靜候裁決，聽到巧飾之言會直言糾正規勸，但不會到處聲張讓大家都知道他的功勞。有時會稍微暗示上位者，但不會表現出急躁。地位雖高但不妄自尊大，有了功勞也不自我誇耀。世道清明時，賢臣並列而不妄自菲薄，世道混亂時其主張未能被採納時也不沮喪。對意見相近的人並不特別去親近他，對意見不同的人也不會因此去詆毀他。

名句的故事

這一章說明身為「儒者」有澡身浴德、特立獨行的美德。

大多數的人喜歡與和自己觀點相近的人親近，而不願意與和自己觀點不合的人交往，這叫做「道不同，不相為謀」，所謂人各有志，不能勉強。

伯夷、叔齊義不食周粟，餓死於首陽山。這是政治態度不同不相為謀的典型。

君子與人為善，以他人意見為意見；小人只看重自己的意見，卻不與人為善。卡爾・馬克思引用過詩人但丁的名言：「走自己的路，讓人們說去吧！」不也是「道不同，不相為謀」的意思。物以類聚是很正常的事，但不要做得過分。否則就會變成孔子所反對的結成幫派或詆毀他人。這兩種行為都不是正人君子所為之事。

子曰：「君子和而不同，小人同而不和。」孔子認為君子之間的交往，關係和睦但卻不能結成黨派，而小人之間的交往很容易聚成小團體，但彼此之間交往卻不和睦。也就是說，身為君子，要善於與別人和諧相處，善於調和矛盾衝突，但自己要有不同於別人的獨立見解，不能隨風倒。小人缺乏主張，容易受別人影響而同流合汙，等到有利害衝突時，相處反而不融洽，自然就會「同而不和」了。

歷久彌新說名句

齊國的宰相管仲生了重病，眼看來日無多。齊桓公很著急，親自去看望他。桓公問他：「大臣中誰可以繼承您的位置呢？」管仲說：「君主應該比任何人都了解自己的臣子，您應該很清楚才對。」

齊桓公有三個近臣，分別是易牙、開方、豎刁，深得桓公的寵信。齊桓公就問：「易牙怎麼樣？」管仲說：「他殺了自己的兒子來迎合君主，不近人情，不可任用。」齊桓公又問：「開方怎麼樣？」管仲說：「他背叛了自己的父母，來迎合君主，別有用心，也不能用。」齊桓公又問：「那豎刁怎麼樣？」管仲說：「他為了君主而閹割了自己，另有私慾，更難以信任。」

管仲說罷，見齊桓公面露難色，便向他推薦了為人忠厚，不恥下問、居家不忘公事的隰朋，說隰朋可以幫助國君管理國政。

易牙聽說齊桓公與管仲的這段對話，便去挑撥鮑叔牙，說管仲阻止齊桓公任命鮑叔牙。鮑叔牙笑道：「管仲薦隰朋，說明他一心為社稷宗廟考慮，不存私心偏愛友人。現在我做司寇，驅逐佞臣，正合我意。如果讓我當政，哪裡還會有你們容身之處？」易牙討了個沒趣，深覺管仲交友之密，知人之深。

遺憾的是，齊桓公最後並沒有聽進管仲的話。不久管仲病逝，齊桓公重用這三個佞臣，這三個佞臣果真包攬朝政大權，使得齊桓公落得餓死在床上，蛆蟲都爬到宮外才被人所知的悽慘下場。

與自己觀點相同不結為幫派，與自己觀點不合也不加以詆毀。法國的思想家伏爾泰曾說：「我不同意你的見解，但我誓死捍衛你說話的權利。」一個人如果沒有容納異己的雅量，就不能體會世間眾緣所成的美妙，因此包容異己，才是彼此的和合之道。

非禮則無以辯君臣、上下、長幼之位焉

名句的誕生

民之所以生者禮為大。非禮，則無以節事天地之神焉；非禮，則無以辯[1]君臣、上下、長幼之位焉；非禮，則無以別[2]男女、父子、兄弟、婚姻、親族疏數之交焉。

～孔子家語．問禮

完全讀懂名句

1. 辯：判別、分別。通「辨」。
2. 別：區分、分辨。

人民生活中最重要的是禮。沒有禮，就不能祭祀天地鬼神的禮儀規範；沒有禮，就無法分別君臣、上下、長幼的地位；沒有禮，就無法區分男女、父子、兄弟、婚姻、親族間的親疏關係。

名句的故事

子曰：「生，事之以禮；死，葬之以禮，祭之以禮。」和這裡所說的「民之所以生者禮為大」有異曲同工之妙。

孔子認為做任何事，一定要先「正名」，因為當時的政治環境，許多人僭越自己的身分，諸侯做了天子的事，卿大夫做了諸侯的事。因此孔子說：「名不正則言不順，言不順則事不成。」只要諸侯不僭越自己的名分，卿大夫也如此，那整個政治環境才會改善。

至於要如何「正名」呢？當然是用「禮」。治國必須以禮樂來教化。若是禮樂不興，則刑罰不中，即是刑罰用之不當。如果刑罰不中，則人民感覺手足無措，這就會使天下大亂了。

孔子之儒家思想以尊正統為中心，而禮就是支撐此一思想之主幹，強調不同階級應適用不同之禮儀，使用不同之禮樂。

歷久彌新說名句

「禮」是孔子思想學說的一個重要範疇。「禮」作為一種社會行為的規範由來已久。殷周以來的禮儀是從遠古家庭祭祖、和睦親族、教育子弟的儀式發展起來，而後來逐漸輻射到社會，便有了國家性的典禮，像祭天，祭山川等等。

孔子認為，周代「禮」發展得最完備。在孔子看來，「禮」不僅是外在的儀式，也不僅僅是一種約束人的制度，而且還是能夠維持家庭安定、社會正常運轉的倫理觀念和倫理秩序。因此，延續夏商周延續下來的禮制，變成孔子一生孜孜以求的事業，面對春秋時代「禮壞樂崩」的局面，孔子大聲疾呼：「吾從周。」在孔子看來「禮」是從天子到庶民，人人必須遵守的行為規範。因此，對「禮」的遵守與履行便成為儒家學說恪守的原則，「禮教」也就成了儒家文化的代名詞。

孔子所謂的「禮」，包含內在的精神和外在的形式兩方面。內在的精神是維護當時的宗法等級制度以及相應的各種倫理關系，即「親親」、「尊尊」。孔子認為遵守各種禮節和儀式，主旨就在於可以「別貴賤，序尊卑」。

季孫氏僭用天子八佾的禮樂，以卿大夫之地位，卻在家廟之庭行八佾之舞。孔子氣憤之餘，遂有「是可忍也，孰不可忍也」之言。對於三桓僭越禮節，孔子相當不以為然，但礙於三桓勢力，孔子只能簡單回覆孟孫之問，這裡也表現出即使是聖人，面對為政者，亦只能退讓之無奈。

江海雖左，長於百川，以其卑也

名句的誕生

內藏我智，不示人技，我雖尊高，人弗我害，誰能於此？江海雖左[1]，長於百川，以其卑也。天道無親[2]，而能下人，戒之哉！

～孔子家語．觀周

完全讀懂名句

1.左：水之陽，水之北。
2.無親：不分親疏。

我把智慧藏在內心深處，在別人面前不顯露自己的才能。這樣做，即使處於尊貴的地位，別人也不會傷害我，有誰能做到這樣呢？就像那江海，雖然地勢不高，但水勢之浩蕩、水量之龐大，成為眾多河川匯集之所在，正是因為江海處在低下的位置啊！上天沒有特別厚愛的人，但是祂一定佑助那些能居人下的人。要警惕啊！

名句的故事

孔子對於周朝的禮樂制度和文物相當嚮往，根據史書記載，孔子約三十四歲時，得到當時魯昭公的支持，有機會到周朝去參觀拜訪。洛陽是當時東周的首都，也是全國禮樂文化的中心，這裡不僅有廟堂文物，更有豐富的圖書典籍，這些都是吸引孔子前往的原因，但他最重要的目的是向老子學禮，向萇弘學樂。

當老子和孔子見到面後，老子絕口不談學禮之事，隨行弟子於是著急問說：「請問老師何時要教導我們禮的知識呢？」老子卻不疾不徐說：「不必操之過急，你們先到各處參觀吧！」話一說完，便轉身離去。弟子見孔子也一直未提到學禮之事，便埋怨說：「您忘了國君派我們來周朝的使命嗎？」孔子回答：「欲速則不達。我們就先四處看看吧！順便開開眼界，等到有心得之後再來向老子學習，或許會更有體會呢！」於是一行人四處探訪，他們參觀古代天子宣明政教的明堂及東周的太廟。

當孔子正式向老子問禮時，老子卻說：「你所說的禮，制定它的人早已腐朽了，留下的只有他的言論。一個君子，可以順時運入朝為官，也可以隱藏自己像蓬草一樣隨風飄轉。我聽說那些善於經商的人不會把自己的上等貨物完全展示，反而會隱藏一部分不讓人看見。具有高尚品德的君子，總是謙虛得像愚鈍的人。因此，拋棄驕氣和過多的慾望吧！拋棄做作的神態和過高的志向吧！這些對自己都沒有好處。我能告訴你的就是這些而已。」

孔子一生周遊列國，而「觀周」之行，可說是孔子人生重要的經歷之一。由各種記載可知，孔子觀周，曾問禮於老聃、訪樂於萇弘、觀先王之遺制，其目的都是為了要廣泛學習禮樂知識，這些學習對於孔子思想的形成有重大的意義。

歷久彌新說名句

戰國時代，趙國有兩個賢臣，一個是藺相如，一個是廉頗。藺相如因為在與秦國的兩次外交攻防戰中，憑藉著勇氣與機智使趙國處於不敗之地，所以官階升至上卿，朝廷朝會時的位置還在大將軍廉頗之上，廉頗因而十分不滿。他認為自己一直以來在戰場上出生入死，屢屢建功，而藺相如只不過是會逞口舌之能，便從出身卑賤、微不足道的門客，官至上卿，實在讓人無法忍受。

廉頗於是放話表示有機會一定要羞辱藺相如。藺相如聽了這樣的訊息之後，便刻意迴避廉頗，常常以生病為由不出席朝會。在路上遠遠看到廉頗，也將馬車拉到一旁躲避。結果，大家都認為藺相如畏懼廉頗，廉頗因此得意。

藺相如雖不以為意，但他的門客、親信卻對他怯懦的行為感到不滿，引以為恥，紛紛求去。這時藺相如才解釋說：「我敢公然在朝廷上叱責秦王和羞辱他的臣子，又怎麼會怕廉將軍呢？只是想到秦國之所以至今不敢出兵攻打趙國，是因為對我們兩個人有所顧忌。如果我們互相爭鬥，有任何一方傷亡，都可能會使國家遭致兵禍。國家的安危當然重於私人恩怨，所以我才會不斷忍讓啊！」後來這番話傳到廉頗耳中，他覺得非常慚愧，於是脫了上衣露出臂膊背負著荊條，親自到藺相如家認錯。藺相如不但不怪罪他，兩人反而從此成為生死與共的好朋友。

慮不先定，臨事而謀，不亦晚乎

名句的誕生

恭敬忠信而已矣。恭則遠於患，敬則人愛之，忠則和於眾，信則人任之，勤斯[1]四者，可以政國，豈特一身者哉？故夫不比[2]於數[3]，而比於疏[4]，不亦遠乎？不修其中，而修外者，不亦反乎？慮不先定，臨事而謀，不亦晚乎？

～孔子家語．賢君

完全讀懂名句

1.斯：這、此。
2.比：音ㄅㄧˋ，親近。
3.數：與下句的「疏」做對比，在此指數量多的意思。
4.疏：稀少。

如果你能做到恭敬、敬慎、忠貞、誠信，就可以保護自己。因為恭敬，人就能免於犯眾怒；敬慎，人就會想親近你；忠貞，就能與群眾關係融洽，值得依靠；對人講信用，人們就會信任你。努力做好這四項，就可以治理國家，又豈只是保護自己而已？因此不去親近大多數的人，反而去親近少部分的人，這樣和大家的距離不是越來越遠嗎？不注重內在的修為而在乎表面功夫，這不是違背了常理嗎？不事先計畫謀略，到了事情發生才臨時想辦法，不是太晚了嗎？

名句的故事

魯國有一人，名叫機汜，以謹慎守禮出

名，七十歲了，不改其態，待人更加謹慎。魯君問他：「你年紀已經很大了，還這麼恭謹嗎？」機氾回答說：「君子恭謹待人才能成就聲名，小人恭謹守禮才能避免犯法。坐在這裡非常舒適，尚且要防止跌倒；吃著這些美味的食物，尚且要防止噎到。所謂的幸運之人，最好不要自以為是。鴻鵠一飛沖天，難道不高嗎？可是用短箭就可以將牠打下來；虎豹雖然兇猛，但人卻可以吃牠的肉，坐牠的皮。現在讚美他人的人少，毀謗他人的人多，我已經七十歲了，很擔心害怕災禍降臨到我身上，怎麼能不恭謹呢？」

待人恭敬是一種禮貌、修養，也是對人的一種尊重，從而也會得到他人對自己尊重，而且可以避免與人結怨。遇事恭敬謹慎，可以避免冒失而鑄成大錯，的確是避免禍患的良方。

在孔門弟子中，子路是擅長於政治的。當時衛國的蒲邑是個很難治理的地方，子路受衛國國君之邀前去治理。歷經三年後，有一次孔子帶了幾個弟子來探望子路，才剛走進境內，孔子便稱讚說：「子路做得好啊！他藉由恭敬之心而達到了誠信。」進到城中，孔子又稱讚說：「子路做得好啊！他藉由忠信之法而做到寬厚。」當一行人進入子路的官衙時，孔子不由得再次稱讚說：「子路做得好啊！他藉由明察來做各種判斷。」

隨行的子貢覺得很奇怪，於是問：「老師您都還沒見到子路，也沒聽子路說如何治理政事，怎麼就誇獎了他三次呢？」孔子回答說：「我已經看到他的政績啊！一走進境內，看到耕地都整理好，溝渠也都挖好了，可見子路已經事先下了工夫，在百姓心中是恭敬又有威信，百姓才會盡力去做這些事。走到城中時，我看到百姓的房屋、圍牆堅固完整、樹木茂盛，可見子路的政令忠信而寬厚，所以百姓的做事態度不苟且也不馬虎，因此治安良好。當我進入官衙時，看到子路的手下相當服從命令，辦事有效率，可見子路對每件事都能事先明察並做出正確判斷，政令不會擾民。所以我才會連續稱讚他三次啊！」

孔子雖然沒見到子路，沒聽到子路解說治理的方法，光是觀察就可以知道子路是用「恭敬忠信」來處理政事。而子路來到蒲邑後先做的興水利、重農耕、明察，正是事先計畫謀略好，政令推行起來自然順暢的最佳證明。

歷久彌新說名句

春秋時代，晉國有一個英明的賢君晉悼公，他重用賢士，納取忠言，國勢日益強盛，因此，許多國家爭相與晉國結盟。

有一次，鄭國出兵侵犯宋國，被聯軍阻止，鄭國便和聯軍簽訂合約，但暗地又與楚軍定盟。這種朝秦暮楚的做法，引來聯軍不滿，於是出兵伐鄭。鄭國大為恐慌，只好求救於晉國。晉國答應充當和事佬，戰事才平息。鄭國為了感謝晉國的幫忙，就送給晉國大批的珍寶和歌女。晉悼公便把一半的歌女送給輔國有功的大臣魏絳，但是魏絳不肯接受。魏絳勸諫晉悼公說：「大王，我們應該居安思危，思則有備，有備則無患。」晉悼公聽了這一番話，恍然大悟，於是將歌女送還給鄭國。

「有備無患」就是從魏絳進諫悼公的這一段話而來的，無論處在什麼樣的環境，都必須居安思危。

「明者見於未行，智者防於未亂」，做人做事若不事先周全考慮，事到臨頭才去謀畫就太遲了。見識高明的人在事情未發生之前就能發現，才智聰敏的人在禍亂未發生之前就會小心提防。

見小闇大，而不知所務

名句的誕生

所謂庸人者，心不存慎終[1]之規，口不吐訓格[2]之言，不擇賢以託其身，不力行以自定，見小闇[3]大，而不知所務；從物如流，不知其所執，此則庸人也。

~孔子家語．五儀解

完全讀懂名句

1. 慎終：謹慎小心直到最後。
2. 訓格：合理、正確而可奉為準則。
3. 闇：昏昧、不瞭解。

我所說的平凡人，心中沒有存著以謹慎小心直到最後的規矩，口中也說不出合理正確可以讓人奉為行為準則的言語，也不選擇賢能的人作為自己依靠或效法的對象，不身體力行實現自己內在所決定的想法，對小事看得仔細，對大事卻昏昧糊塗，而且也不知道自己應當致力於何事。人云亦云，有如隨波逐流，卻不知到自己所該堅持的是什麼，這就是我所謂平凡人。

名句的故事

〈五儀解〉一篇，記載了春秋時期魯哀公與孔子的談論，這些談論包含如何為政，以及如何辨別人才、選取人才等。這段名言，出自後者。

魯哀公向孔子詢問取才的方法與原則，孔子首先回答要找「志存古道」的人，因為孔子認為志存古道的人，為政會以百姓為優先考量，不會只貪圖私利。可是魯哀公不滿意這樣的回答，孔子於是更加具體指出辨別人才有五種標準，孔子稱之為「五儀」。這五儀分別為「庸人」、「士人」、「君子」、「賢人」、「聖人」。魯哀公繼續追問這五儀的具體內容，孔子遂逐一回答。

這段名句而言，孔子認為「庸人」就是一般平常人，這種人的人格特質，可歸納出以下幾點：

第一，缺乏定見。

第二，識見貧乏，就是「見小闇大，而不知所務」的缺點。

第三，不願依附賢能的人。這種人因為缺乏定見，在決策時會面臨無法定案的窘境。見識貧乏，亦即對小事能夠洞察，對大事反而糊塗的人，這種人就是專業知識不足的人，專業知識不足的人，是無法治國治民的。而不願選擇依附賢能的人，就是無法意識到讓自己成長的重要，更無法意識到改變自己而讓自己向上成長的重要性。

總之「見小闇大，而不知所務」這段名句，所要傳達的概念就是「能看見事物的一小部分，卻無法俯瞰全局」，這樣的人只能算是「庸人」而已。

歷久彌新說名句

《韓非子》有一則寓言，有一次伯樂教兩個學生相馬的方法，要兩人去馬廄裡應用練習。其中一人相出一匹馬，認為這匹馬是喜歡踢人的馬；但另一人嘗試從後面去摸同一匹馬，並且多次撫摸那匹馬的屁股，而那匹馬始終不會踢人。因此，原來相馬的人認為自己相錯了，但另一人卻說：其實你沒有錯，只是這匹馬扭傷了前腳膝蓋。會踢人的馬由於要舉起後腳踢人，所以一定會讓前腳來負擔全身重量，但馬的前腿膝蓋受傷，無法負擔全身重量，因此無法舉起後腳踢人。

燕國一位客卿宣稱自己知道長生不死的方法，於是燕王派人前去向他學習。可是派去學習的人還沒有學成，那個客卿便死亡。燕王大怒，遂殺了被派去學習的人。燕王不知道是客卿欺騙自己，反而認為去學習的人學得太慢而才會功虧一簣。

由這則寓言分析，那個只知道相馬的方法，卻不知道考慮其他因素也會互相干擾的學生，與那個只知道派人學習長生不死的方法，卻不探究客卿之言虛實的燕王，同樣都是「見小闇大，而不知所務」之人。

行不務多，必審其所由

名句的誕生

言不務多，必審其所謂[1]；行不務多，必審其所由[2]。

～孔子家語．五儀解

完全讀懂名句

1.所謂：所說的內容。

2.所由：這樣做的理由。

不求說得太多，但對於所說的話，一定要仔細深入瞭解其內容。不求做得太多，但對於自己的所作所為，一定要仔細辨別為何要這樣做的理由。

名句的故事

孔子舉出「五儀」來作為判定人才的標準，而前面已敘述完「庸人」的部分，接下來就是「士人」的部分，這段名句最足以代表「士人」的人格特質。

「士人」雖然比「庸人」高一級，然而「士人」這種人格類型，尚未具備各種善良的優點，也尚未完全掌握所有的知識學問，但重點是他對於自己的所知、所言、所行等種種一切，皆會進一步加以確認並掌握。例如在這段名句中，提到士人不會要求自己去知道太多，但對於所知道的事物，一定會對內容清楚理解。此外，他們不會要求自己說的話要非常多，但對於自己說過的話或所說的內容，一定會非常清楚知道是否正確，不會人云亦云。

總之，「行不務多，必審其所由」這段名句的內在精神，就是要我們去檢視自己的行為，究竟所為何來？因為有些人總是盲目的隨波逐流，人云亦云，而有些人總是不清楚自己的行為，究竟所為何來？士人會清楚知道自己究竟該堅持什麼，即使讓他變得富貴，也不會覺得對自己有何增益。反之，就算讓他們變得貧賤，也不會認為對自己有何損失，這就是典型「士人」的人格特質。

歷久彌新說名句

與「行不務多，必審其所由」這段名句，具有相同內在精神的寓言，在《韓非子》書中可找到一則例子。

春秋時代的魯穆公想讓眾公子到當時的強國晉國、楚國去當官，想以多管齊下的方式，以達到與各國之間的穩定關係。可是犁鉏卻諫言，如果要請求越國的人來拯救魯國正在溺水的孩子，儘管越國人泳技多麼高明，也來不及救這個孩子。如果一個地方失火了，卻跑去海裡汲水來救火，雖然海水取之不盡，但火必定無法撲滅，因為遠水救不了近火。現在楚國、晉國雖然是強國，可是與我魯國相鄰的卻是齊國。如果魯國有難，晉國、楚國是無法及時解救魯國。所有的事情都要講求時間效益，例如海水雖多卻滅不了近火，而越國人善於游泳卻救不了魯國溺水的孩子。所以，最好的救援是要能夠「及時」，因此不如將眾公子派往齊國去吧！

魯穆公並沒對自己的作法做審慎的考量，不知道齊國才是真正值得拓展外交的國家，這也正是「行不務多，必審其所由」的負面表現。

富貴不足以益，貧賤不足以損

名句的誕生

智既知之，言既道之，行既由之，則若性命之形骸[1]之不可易也。富貴不足以益，貧賤不足以損。此則士人也。

～孔子家語．五儀解

完全讀懂名句

1.形骸：身軀。

因此，已經瞭解的道理，已經說過的話語，已經做過的事情，就像身軀性命一樣是不會輕易的被改變。因此變得富貴也不會覺得對自己有何增益；反之，就算變得貧賤也不會認為對自己有何損失。這就是我所謂的士人。

名句的故事

前一則名句敘述了「士人」的人格特質，雖然尚未具備各種善良的優點，也尚未完全掌握所有的知識學問，但重點是他們對於自己的所知、所言、所行的種種一切，絕對不會人云亦云。在這段名句中，孔子更深入敘述，指出「士人」還有一個更重要的特質，這個特質就是他們對於自己的所知、所言、所行的種種一切，一定會謹記於心而終身奉行，不會半途而廢，因此這段名句所謂的「若性命之形骸之不可易」，意思就是說「士人」一定會讓它們的所知、所言、所行的種種一切根植於心，就好像附著於自己身軀的性命一般，不會輕易被移除的。

因此無論是使其富貴或貧賤都不會動搖士人的心志。「富貴不足以益，貧賤不足以損」這段話就能輕易被理解了。這段名句所要傳達的概念，在於一個人是否已經真正認識到比富貴名利更值得追求或堅持的事物。先秦儒家認為，只有願意堅持自己的所知、所言、所行的種種一切，才能真正超越富貴與貧賤，也因此富貴與貧賤就能夠被淡然處之。

歷久彌新說名句

與「富貴不足以益，貧賤不足以損」這段名句的精神，極為一致的名言，就是《孟子》所說的「富貴不能淫，貧賤不能移，威武不能屈，此之謂大丈夫」。

戰國時代的景春認為魏國的遊說之士公孫衍與縱橫家張儀，可說是大丈夫的典型。因為他們兩個人只要一動怒，各諸侯國就會恐懼，只要平靜下來，各諸侯國間的戰火就會熄滅，所以景春認為這兩人是大丈夫。可是孟子卻不以為然，因為孟子認為真正的大丈夫不會因為有了金錢權勢，就讓自己的志向淪喪，不會因為淪於貧賤卑微，就放棄堅持自己的志節，更不會因為受到威勢武力的壓迫，就不再堅守節操而屈服於人。像公孫衍、張儀這些人都做不到這三點，根本不是大丈夫的典型。此外，孟子更認為富貴是人人所羨慕的、貧賤是人人所厭惡的、威武是人人所懼怕的，但如果能不為這三者所動搖心志，這樣的人才是堅守節操、大義凜然的大丈夫。至於景春所說的公孫衍、張儀，孟子認為他們只是逐利之士而已，並不是所謂的大丈夫。

從孟子的言論來分析，他相信堅持自己的道德操守、堅持自己所要堅持的，如此便不會因富貴貧賤而改變自己的初衷。這與「富貴不足以益，貧賤不足以損」這段名句的精神，可說是一致的看法。

言必忠信而心不怨，仁義在身而色無伐

名句的誕生

所謂君子者，言必忠信而心不怨；仁義在身而色無伐[1]；思慮通明而辭不專[2]；篤行信道，自強不息，油然[3]若將可越，而終不可及者，此則君子也。

～孔子家語・五儀解

完全讀懂名句

1. 伐：自誇、矜誇。
2. 專：專恣、專橫。
3. 油然：舒緩的樣子。

我所說的君子，講話的時候時必然忠誠，但卻不會在心裡埋怨；行為舉止符合仁義道德，但卻不會有自我矜誇的臉色；通曉事理般深思熟慮，但遣詞用字時卻不會讓人感到專恣蠻橫；堅持力行忠誠並且信奉仁義道德，自我勉勵而不止息，雖然感覺其進展舒緩，好像可以馬上超越，但始終卻趕不上。這就是我所謂的君子。

名句的故事

「君子」這一類型的人格特質，概括而言就在於他「對道德修養的自我堅持」。由於君子能夠對道德修養的自我堅持，於是就會有以下幾種表現。例如在言行方面，他說話時絕不會言不由衷、不會巧言令色，更不會表裡不一，這就是上述名句的「言必忠信而心不怨」的含意。再則他的行為舉止與所作所為，皆符合仁義道德，但他更不會藉此而自我矜誇，這就是「仁義在身而色無伐」的含意。又例如他在思考事情時，一定會深思熟慮，而絕不莽撞衝動，甚至表現在遣詞用字時，溫文儒雅而不會讓人覺得強詞奪理，這就是「思慮通明而辭不專」這段話的含意。

然而，更重要的是，他知道自己是願意堅持道德仁義，並且不為所求的。因此他會勉勵自己永不止息實踐仁義，絕非只是一曝十寒，這就是「篤行信道，自強不息」這段話的含意。

總而言之，「言必忠信而心不怨，仁義在身而色無伐」這段名句背後所要傳達的概念，就是只有對道德修養的自我堅持，才能達到「不怨」、「不伐」的境界。

歷久彌新說名句

歷史上最足以用來說明「言必忠信而心不怨，仁義在身而色無伐」這句名言的例證，就是春秋時期齊國有名的政治家晏嬰。

齊國晏嬰歷任齊靈公、齊莊公、齊景公三朝，輔政長達四十餘年。晏嬰躬行仁義道德，為政以仁愛百姓著稱，往往勸諫君王當以天下蒼生為己念。

例如有一次，齊景公想要修建華麗絕倫的新宮殿，晏嬰覺得過於勞民傷財。於是就在有天颳風下雨之時，利用齊景公與墨子在席間酒酣耳熱之際，起身為齊景公獻唱。他唱的歌詞說：「禾穗啊，我們不能去收割了，等到秋風吹來了，全部的禾穗就要被刮落了，全部都要被風雨糟蹋了！君王啊，你害得我們妻離子散，沒無法過活啊！」

唱完之後，晏嬰轉過頭來流下了眼淚，並且展開雙臂開始跳起舞。齊景公見狀，便走到晏嬰旁邊制止他說：「先生賜教了，感謝你用詩歌來告誡我，我知道我的罪過了。」於是齊景公撤掉酒席，並停止徭役，不再修建華麗絕倫的宮殿。

從記載看來，可以知道晏嬰是一位躬行仁義道德，以仁愛百姓為己念的政治家。然而，晏嬰雖然仁愛百姓，也受到百姓的愛戴，但他卻不因此而志得意滿，引以為傲。

又有一次，晏嬰擔任齊國的宰相時，有一天坐車外出。御車的車夫之妻從門縫中偷看她的丈夫，只見他替晏嬰駕車時趾高氣昂，坐在傘下鞭笞車前的四匹馬。車夫之妻等他回來後，便要求離婚。車夫不知所以然，妻子卻說：「晏嬰身高雖不滿六尺，但他身為齊相名聞天下，今天晏嬰坐車的時候，神情猶似深謀遠慮，可是態度卻令人覺得謙卑有禮，從無衿誇的臉色。但八尺有餘的你，不過只是御車的車夫，卻一臉得意洋洋之貌，我覺得很慚愧，不想跟你一起生活了。」御車的車夫聽了之後，便收斂性情、謙卑許多了。晏嬰察覺之後就問車夫發生了什麼事。車夫據實以告，於是晏嬰讚之。

從這兩例來看，晏嬰的所作所為，其實就是符合「言必忠信而心不怨，仁義在身而色無伐」這段名句的精神。

言足以法於天下，而不傷於身；道足以化於百姓，而不傷於本

名句的誕生

所謂賢人者，德不踰閑1，行中規繩，言足以法於天下，而不傷於身；道足以化於百姓，而不傷於本。

～孔子家語．五儀解

完全讀懂名句

1.閑：有規範、法度的意思。

我所說的賢人，品德不會超越禮法的規範，言行舉止皆循規蹈矩合於法度，他說的話可以做為天下的法度，而不會使人受到損害；他講的道理可以感化百姓，卻不會傷害國家的根本。

名句的故事

前面敘述「五儀」中的「庸人」、「士人」、「君子」三種類型之後，接下來就是「賢人」的部分。如果說「君子」的人格特質是「對道德修養的自我堅持」的話，那麼比「君子」更高一層的「賢人」除了具備「君子」的人格特質之外，更重要的是他具備了「治國能力」，這就是這段名句中的「法於天下」、「化於百姓」的意思。

先秦儒家並不強調「遁隱山林」的作法，他們強烈主張「學而優則仕」的概念。因此孔子主張，在陶冶自己的品德，以及堅持自己的道德修養時，他同時必須學會如何為政、施政，以求一方面在政治上貢獻一己之所長，一

方面又能將自己的道德修養推展出去，使人民能夠重視自己的道德修養，願意修養自己的道德操守。

由於孔子期待「賢人」將來能夠「學而優則仕」，因此他認為「賢人」不會超越禮法的規範，而他的言行舉止，也都遵循禮法而不會逾越。此外，他講的話可以作為天下的準則，講的道理可以感化百姓，並非只是單純陶冶自己的道德修養，而這就是「言足以法於天下」、「道足以化於百姓」這段名句的內在精神。

還有一個更重要的概念，就是「賢人」的言論，以及所要傳達的道理，因為是要作為天下的法則、治理百姓的準則，於是他的言論與要傳達的道理，既不會傷身，也不會傷本，如果是會傷身、傷本的言論，絕對不會是「賢人」所主張的。

歷久彌新說名句

這段名句所要傳達的精神，就是為政治國絕對不可以「傷身」、「傷本」，而所謂的「身」與「本」，其實就是指「人民」。換言之，為政絕不可以窮盡民力，也不可以過分勞民、傷民。這樣的道理，用顏回的比喻最為直截了當。

春秋時魯定公曾向顏淵問說：「東野畢善於馭車吧！」

顏淵回答說：「他是善於馭車，然而雖然善於御車，但他的馬最終會跑失。」三天之後，東野畢的馬果然跑失了，而且車兩旁套馬的轡繩也斷裂，四匹馬中只有兩匹馬回廄，魯定公便向顏回詢問緣由。

顏淵說：「我是根據為政的道理來推知的。從前，善於治理國家的舜，會以巧妙的方式教育人民；善於馭車的造父，會以巧妙的方法驅使馬匹，這巧妙的方法就是舜不把人民逼到盡頭，而造父也不會把馬匹逼到盡頭，所以舜所治理的國家，沒有逃跑的人民；造父所御的車，沒有逃跑的馬匹。如今東野畢馭車時，一上車就緊緊拉住馬轡，因此馬銜口的地方，安排得很正，於是馬一起步就會馳騁快速。雖然他符合了朝廷的規範，也歷盡艱險到達很遠的地方，但卻同時用盡馬力，然而他卻還是繼續要求馬匹不停奔跑，因此我據此論斷他的馬終究會受不了疲累而逃跑。鳥如果被逼到盡頭，就會開始啄人；野獸被逼到盡頭，就會開始攻擊人；而人被逼到盡頭，就會去欺詐傷害別人。從古至今，尚未出現國君將人民逼到盡頭，而自己還能夠安然無恙的！」

從顏回的話分析，他利用不可過份耗盡馬力這一點，來比喻為政之道同樣如此。如果窮盡民力，人民就會受到殘害，而為求自保，遂有逃亡的現象產生。顏回這樣的比喻，與這段名句中告誡執政者要「不傷於身」、「不傷於本」的含意完全一致。

下民不知其德，睹者不識其鄰

名句的誕生

所謂聖人者，德合於天地，變通無方，窮萬事之終始，協[1]庶品[2]之自然，敷[3]其大道，而遂成情性；明並日月，化行若神，下民不知其德，睹者不識其鄰[4]，此謂聖人也。

～孔子家語．五儀解

完全讀懂名句

1.協：協和，和合。
2.庶品：萬物。庶，眾多。
3.敷：傳布、推廣。
4.鄰：比喻界限、邊際。

我所說的聖人，品德與天地相匹配，善於應變融通，但卻沒有一定的規則與方法，能夠窮究萬事萬物的終始消息，也能夠依循自然法則協和萬物，也能夠將他的大道加以推廣，讓百姓的內在道德與情性也能夠施行出來。光輝猶如日月那樣的明亮，教化施行有如神祇般那樣迅速，而人民卻不知已經受到他恩澤的沾溉，看到的人也不知道他所施的恩德範圍到底有多廣。這就是我所謂的聖人。

名句的故事

如果說「君子」這類型的人格特質，在於具備了「治國能力」的話，那麼孔子對「聖人」人格特質的描述重點，就在於「天人合一」、「自然無為」這兩點上。

孔子認為「聖人」的境界，已經經歷過前面幾個階段的歷練，於是他的品德高度能夠與天地相匹配，這就是「德合於天地，變通無方」這句話的含意。由於歷經世事，於是他對於任何事情的處理方式，善於應變融通，但你會發現他並沒有堅持一定的規則與方法。最重要的是聖人能夠依循自然法則，協和萬事萬物，不會刻意破壞自然法則來達到目的，這就是「變通無方，窮萬事之終始，協庶品之自然」的含意。聖人不僅獨善其身，更會讓百姓的內在光明面，適時被激發出來，但人民卻不知早已受其恩澤，也不知道聖人所施之恩德範圍有多廣大。這就是「敷其大道，而遂成情性；明並日月，化行若神，下民不知其德，睹者不識其鄰」的含意。

歷久彌新說名句

「下民不知其德，睹者不識其鄰」這句名言，可以用這則例子來說明。

春秋時期的宋國為了攻打齊國，於是宋國大興土木，設立練武場來訓練軍士。此時，有個叫癸的人，經過練武場時唱起歌來，他的歌聲悅耳動聽，過路的人都不自覺停下腳步，工人也覺得心情愉悅。宋國國君於是召見了癸，並賞給癸財物。癸向宋國國君推薦自己的師傅射稽，認為他歌唱得更好。於是，宋國國君又召見射稽，請他在練武場演唱。可是射稽唱完歌之後，令宋國國君甚為失望，並對癸說：「你師傅在唱歌時，走路的人未曾停下腳步，工人覺得疲倦，他的歌聲遠遠不如你。」癸則表示：「我唱歌時，工人築了四板城牆，而我師傅射稽唱歌時，工人卻築了八板城牆。再者，兩次所築的牆，堅固程度也有所不同。我唱歌時，工人所築的城牆，以物擠壓可擠進五寸，而我的老師射稽唱歌時，工人所築的牆，卻只能擠進二寸，這正可用來說明老師射稽歌唱功力比我好太多了。」

射稽這種歌藝高超之人，非但鼓勵人心，而且會讓聽者沉浸在歌聲中而不自知，這與「下民不知其德，睹者不識其鄰」這段名句的精神，有許多相似之處。

聰明睿智，守之以愚

100

存亡禍福，皆己而已

名句的誕生

哀公問於孔子曰：「夫國家之存亡禍福，信[1]有天命，非唯人也。」孔子對曰：「存亡禍福，皆己而已，天災地妖[2]，不能加也。」

～孔子家語．五儀解

完全讀懂名句

1.信：的確，確實。

2.妖：違反自然常理的事物或現象。

魯哀公向孔子請教說：「國家的存亡禍福，是真的有天命存在，不僅僅是人事上的關係而已嗎？」孔子回答說：「國家的存亡禍福都決定在你自己的身上，自然界所發生的各種災害與異常，是不會有所影響的。」

名句的故事

《孔子家語》中的〈五儀〉一篇，是春秋時期魯哀公向孔子詢問有關為政之道的相關記載。魯哀公從「辨別人才的方法為何」、「國家小大強弱之際該如何自處」、「取才的方法為何」到「國家存亡的關鍵是天命還是人事」等諸多議題，逐一向孔子請教。其中魯哀公問及「國家存亡的關鍵是天命還是人事」此一議題時，孔子做出了「存亡禍福，皆己而已」這樣的回答。

這段名句而言，它所要傳達概念，其實就是「國家存亡、禍福的關鍵，不在於天命，而是在人事上的作為」。孔子自身也曾對「存亡禍福，皆己而已」的概念，舉出強而有力的例證來作說明。例如商紂王時，有麻雀在城樓上生了一隻大鳥。占卜之人說小鳥生了大鳥，國運一定會興旺昌盛。商紂王於是憑藉這樣的吉兆，放任國事不管，加以殘暴無度，終於亡國。又如商紂王的先祖太戊，曾在廟堂之上看到了桑、穀的幼苗，而且在七天內就長成雙手合抱的大小。占卜之人說，桑、穀應該長在田地的，沒想到竟然長在廟堂之上，或許這是快要亡國的徵兆。商太戊非常緊張，於是考察先王的仁政，努力施行，使遠方慕其仁政而來者，有十幾國之多，終於使國祚得以延續下去。從孔子舉的例子來看，國家存亡、禍福的關鍵，終究還是在於人事。

歷久彌新說名句

「存亡禍福，皆己而已」的概念，一直為後人所重視，人世間國祚的興盛衰亡，雖然有人歸為天命，其實都是人事的原因。五代時期，後唐莊宗得到天下與失去天下的過程正足以說明。

傳說後唐莊宗之父臨死之前，曾將三枝箭賜給莊宗，並告訴他梁國為我仇敵，燕王由我扶立、契丹曾與我結兄弟之盟，可是燕王、契丹後來都背叛我，陸續跟梁國結盟與我為敵。這三方是我的遺恨，我留給你三枝箭，就是要你不要忘記為我復仇。莊宗於是將三枝箭安放在祖廟，出兵作戰前，一定會先用祭祀祖先的祭品祭拜這三枝箭，然後恭請出這三枝箭，讓人放在軍前開路，打了勝仗回來後，再把箭安放在宗廟。莊宗復仇勝利歸來，將燕王父子綑綁，並且將梁國君臣的頭用木盒裝著，走進祖廟把箭交還到父王的靈前祭奠，那時的後唐莊宗是多麼威風凜凜。

可是，等到仇敵已滅，天下大定，莊宗從此寵幸伶人，朝政日益敗壞，導致夜裡有人起兵發難，莊宗慌忙出兵東進，但還沒見到亂賊，自己部隊的士兵早已紛紛逃散，君臣只能抱頭痛哭，束手無措。這無疑是證明「存亡禍福，皆己而已」的最佳例證。

薰蕕不同器而藏，堯桀不共國而治

名句的誕生

回聞薰蕕[1]不同器而藏，堯桀不共國而治，以其類異也。回願得明王聖主輔相之，敷[2]其五教[3]，導之以禮樂。

～孔子家語．致思

完全讀懂名句

1.薰蕕：薰，香草。蕕，臭草。

2.敷：散布、傳布。

3.五教：父義、母慈、兄友、弟恭、子孝五種倫常教育。

我聽說：香草和臭草不可放在同一個器皿裡，堯和桀不會一起治理國家，這是因為他們不是同一類人。我希望能遇到一個聖明的君主，從而輔佐他，傳布倫理道德，並且用禮樂來引導他們向善。

名句的故事

有一次，孔子到農山遊玩，子路、子貢、顏淵在一旁侍候。孔子四望遼闊，對他的學生說道：「在這裡表達自己的理想，可以不用有什麼忌諱，你們可以談談各自的志向，我會從中挑出最好的。」

子路說，他願意率領軍隊出征，奪取千里土地，拔下敵人的旗幟，割掉敵人的耳朵，這件事只有他辦得到。

子貢說，譬如齊、楚兩軍在廣闊的原野對壘，戰事一觸即發，若讓他上前，向他們陳說利害，很輕易就可以把戰事化解掉，這件事只有他辦得到。

顏回說：「薰蕕不同器而藏，堯桀不共國而治。」顏回用薰、蕕來比喻堯、桀，說明不同類型的人是不可能一起相處。如果他想要施展抱負，也希望追隨像堯一樣聖明的君主，輔佐聖主治理國家成為太平盛世。這樣一來，子路就無從施展其勇武，子貢也無從施展其辯才了。若遇到像桀的君主而仍奮不顧身，顏回認為自己也只會落到如關龍逢忠諫被殺的下場。

「薰蕕」後來多用比喻善與惡、君子與小人、好人與壞人。「薰蕕異器」比喻君子與小人、好人與壞人不可共處。「薰蕕同器」比喻善惡相混，好壞不分。

歷久彌新說名句

《世說新語．方正》記載一則故事：東晉渡江之後，丞相王導想要拉攏吳人，就向陸玩提出通婚的請求，陸玩說：「培塿無松柏，薰蕕不同器。玩雖不才，義不為亂倫之始。」小土丘沒有松柏，香草也不和臭草放在一起，我雖然不長進，也不能亂了門第規矩。表面上陸玩以培塿、蕕自比，故示謙遜；實則王導為北方世族，陸玩為南方世族，陸玩看不起王導等北方世族，不願與之聯姻。「薰蕕不同器」這裡是謙遜用詞，表示不能與對方並列。

與「薰蕕不同器」義近之詞尚有「冰炭不同器」，典出《韓非子》一書。韓非認為當世顯學，儒、墨並列，以葬禮而言，墨家主張儉約，冬天死就用冬服殮葬，夏天就用夏服，棺材只要三寸厚，守喪只要三個月就夠了；儒家卻極力鋪張，即使用盡家產也在所不惜，守孝又太過哀傷，要拄著枴杖才能行走。儒墨主張大相逕庭，人主卻同時禮遇，傾聽他們的言論。「夫冰炭不同器而久，寒暑不兼時而至，雜反之學不兩立而治。」冰炭不能同放在一個器皿裡而維持很久，寒暑不可能同時到來，雜亂矛盾的學說也無法並存運用。人主若聽到什麼雜亂的學說都稱好，什麼乖張的言論都拿來奉行，天下怎麼不大亂呢？

不傷財，不害民，不繁詞，則顏氏之子有矣

名句的誕生

不傷財，不害民，不繁詞[1]，則顏氏之子[2]有矣。

～孔子家語．致思

完全讀懂名句

1. 繁詞：浮誇的言詞。
2. 顏氏之子：指顏淵。

不耗費錢財，不危害人民，也沒有浮誇的言談，顏淵有這些優點啊！

名句的故事

這則接續前句孔子與子路、子貢、顏淵到農山遊玩，孔子要大家表達志向，當子路、子貢說完志向之後，輪到顏淵時，顏淵卻退到一旁，沒有作聲。孔子問：「顏回，難道你就沒有願望嗎？」顏淵說：「有關文武兩方面的事，已經有子路、子貢說了，那我又要說什麼呢？」孔子說：「只不過是談談自己的志向罷了，你就姑且說一下吧！」

顏淵這才緩緩回答：「我希望能夠遇到一個聖明的君主，讓我輔佐他，教導他們倫理道德，並且用禮樂引導人民，讓人民不用修建城郭，鄰國也不會越境侵犯，把劍、戟等兵器都拿來打造農器，在原野和樂地放牧牛馬，家家戶戶都沒有因為戰爭而拆散的夫妻，千年沒有戰亂的憂慮，那麼子路就沒有可以發揮他勇武之處，子貢的辯才也無所施展。」

孔子肅然起敬地說：「顏回的志向顯現出

非常美好的德行啊！」子路舉手問道：「那老師您覺得誰的志向最好呢？」孔子回答：「不傷財，不害民，不繁詞，則顏氏之子有矣。」

「不傷財，不害民」指的是沒有戰爭，人民得以休養生息，國家也不會耗費錢財於戰爭。「不繁詞」指的是顏淵闡述志向時，言語態度非常誠懇，不若子路言其勇武，能夠縱橫沙場，斬將拔旗如入無人之地；或子貢稱其辯才，能在兩軍對壘時，從容上前肆其口舌，當下化解紛爭於無形，這樣浮誇的言語。

歷久彌新說名句

「不傷財，不害民」亦見於《易經．節卦．彖傳》文中：「天地節而四時成，節以制度，不傷財，不害民。」天地因為有節度才能有四時的變化，王者也應該效法天地，才能不損耗錢財，不危害人民。

天地的節度造成的四時變化指春生、夏長、秋收、冬藏，四時各有對應的事業，要照著行動才能獲得最大的效果；王者治政，要效法天地的精神，以之畜養、使役人民。

「不傷財」指君王自身的節制，不淫樂佚遊，耗費錢財；「不害民」指使役人民有節制，不在農時派遣繇役，也不因自己的遊樂而過度使役他們。因此《易經》與《孔子家語》的反戰思想意義不同。

好諫者思其君，食美者念其親

名句的誕生

夫好諫者思其君，食美者思其親；吾非以饌具[1]之為厚[2]，以其食厚而我思焉。

～孔子家語．致思

完全讀懂名句

1.饌具：餐具。

2.厚：好。

喜歡進諫的人常常想念到他的國君，吃到好吃東西的人常常想念到他的雙親；我不是從他盛食物的餐具好不好來考慮，而是因為他吃到好吃的東西而想到我。

名句的故事

魯國有一個生活不甚寬裕的人，用瓦釜煮東西吃，吃了一口之後，覺得非常美味，就用瓦罐盛食物送給孔子。孔子接受他的饋贈，非常高興，好像接受的不是粗陋的食物，而是牛、羊、豬肉等美食般。子路覺得很奇怪，就問孔子道：「瓦罐，是簡陋的器具；裡面盛的食物，味道也非常淡薄，老師您為什麼這麼高興呢？」孔子於是回答子路這段名句。

這件事表現出孔子接受餽贈，並不以禮物的價值來判斷，而是以餽贈者的心意來考量。一個生活窘迫的人，在吃到好吃的東西時，能夠不吝惜分贈孔子，可謂「千里送鵝毛，禮輕情意重」。孔子以「好諫者思其君，食美者思其親」為喻，認為對方將自己看成如君、如親般重要，有好東西時首先想到自己的這份心意不可謂不重，故孔子慎重而欣喜地收下食物。這也顯示孔子在平民百姓心目中的地位，讓人覺得孔子是可慕、可親、可敬的仁者，故願意將自己覺得美好的東西分享給孔子。

歷久彌新說名句

《孔子家語．致思》記載另一則關於孔子接受餽贈的故事：孔子到楚國遊歷，碰上一名漁夫送魚給他，孔子起先婉拒了。漁夫說：「天氣這麼熱，市場又離這裡很遠，我抓了魚也沒法賣，想說丟到荒地，不如送給君子，所以才敢來獻給您。」於是孔子拜了兩拜，恭敬地接受，並且讓弟子把室內打掃乾淨，要把魚拿來做為祭品供奉。弟子問孔子說：「那漁夫想把魚丟掉，而老師您卻拿來祭祀，這是為什麼呢？」孔子回答：「捨不得讓食物腐敗，而想把它拿來施捨是仁人之類的人。哪有接受仁人贈與而不拿來獻祭呢？」

從這則故事，可看出孔子愛惜物資，不隨意浪費，故讚許漁夫能與己分享。而漁夫的行為，可說是大同世界「貨惡其棄於地也，不必藏於己」的表現，厭惡財貨丟棄在地，當與人共享，不必私藏。從這兩則故事可知孔子不隨意接受別人餽贈，必有充分而正當的理由才會接受之。

思仁恕則樹德，加嚴暴則樹怨

名句的誕生

善哉為吏！其用法一也，思仁恕則樹[1]德，加嚴暴則樹怨，公[2]以行之，其子羔乎！

～孔子家語．致思

完全讀懂名句

1.樹：建立。

2.公：公平、公正。

官做得真好啊！同樣是用法，心懷仁恕去執行就會建立恩德，殘酷暴虐去執行就會結下怨恨，能秉公辦事的，就是子羔啊！

名句的故事

孔子的學生季羔擔任衛國的獄官，曾經判一個人刖刑（砍掉雙腳）。後來衛國發生蒯聵之亂，季羔想要逃出國都，跑到城門時，正是那個被砍斷雙腳的人做守門人。他對季羔說：「那裡的城牆有缺口。」季羔說：「君子不做爬牆的事。」他又說：「那裡的城牆有個洞。」季羔說：「君子也不做鑽洞的事。」他於是說：「這裡有間房子，你躲進去吧！」季羔聽從了他的話。

躲過一陣子，季羔從房子出來，準備離開，他對那守門人說：「我不能損害君王的法令，而判你刖刑；現在我遭遇危險，正是你報復我的好機會，你卻三次指點我逃離，這是為什麼呢？」

守門人回答：「您判我刖刑，這是我罪有應得，沒辦法的事。而且，您在定我的罪時，先放下我的案件，判他人的案子，試圖想替我找到免罪的理由；後來要行刑時，我看見您悶悶不樂的樣子。我跟您無親無故，您也沒理由要特別愛護我，但您卻如此憂慮我。上天誕生一個有德行的人，就該像您這樣。這也是我幫助您的原因。」孔子聽說了這件事，就稱讚季羔能秉公行事，又能心懷仁恕，真是做官的好榜樣。

歷久彌新說名句

這句話典出於《韓非子．外儲說左下》記載孔子的故事，與《孔子家語》稍有出入，最後孔子說：「善為吏者樹德，不能為吏者樹怨。概者、平量者也，吏者、平法者也，治國者、不可失平也。」意思是會做官的人會建立恩德，不會做官的人則樹立仇怨。概，是量穀物時用來刮平斗斛的器具；官吏，如概一樣，要公平、公正依法行事；治理國家，不可失去公平、公正的原則。

《韓非子》強調依法行政，自能樹立恩德，即是一個好官吏，與《孔子家語》強調依法行政之外，要能心懷仁恕，亦略有差異。

歐陽修的〈瀧岡阡表〉是一篇紀念父親的文章，其中提到母親為他描述父親為官的事蹟：歐陽修之父常常在晚上點蠟燭處理公文，經常左右為難，母親詢問他原因，父親說：「這是死罪的案子，我想替他找一條生路卻找不到。」母親說：「生路可找嗎？」父親說：「替死囚找生路而找不到，那死者和我都沒有遺憾，更何況是找得到呢！正因為找得到，所以我知道如果不替他求生路，讓他就這樣死去，一定會有憾恨。我常常替死囚找生路，仍然不免判他們死刑，世間大部分的官吏卻常常隨意判死刑啊！」

「仁」，即是愛人；「恕」是推己及人。愛護人民，設身處地為人民著想，歐陽修之父的這些作為，也可以給強調「依法行政」卻不時引起民怨的官僚們省思。

澤施於百姓，則富可也

名句的誕生

入其國也，言信於群臣，而留可也；行忠於卿大夫，則仕[1]可也；澤[2]施於百姓，則富可也。

～孔子家語．致思

完全讀懂名句

1. 仕：出仕、做官。
2. 澤：恩惠。

進入一個國家，若是你說的話能讓群臣相信，你就可以留在這個國家；你的行為能讓卿大夫覺得你是忠誠的，就可以在這個國家做官；若是你能施加恩惠於百姓，就可在這個國家添置產業、安身立命了。

名句的故事

中國人向來安土重遷，生於斯，長於斯，必定也老於斯，死於斯，若會離開自己生長的國家，莫約有兩種情形：一是受到政敵迫害，流亡他國；一是到外國謀求發展。「入其國」必得放在這樣的背景下理解才成。古代階級森嚴，貴族自成階級，來往的對象也是貴族，無論流亡到他國，還是到外國另謀發展，一定要讓那個國家的群臣信任你，方有留下來的資格，不會把你當成外來者排斥。

「卿大夫」是貴族階級，也是一國掌權者，同於前句的「群臣」，不止是讓他們信任你，更進一步察覺你的忠誠，他們才願意把你當成自己人而任用你。當官的時候，若能好好愛護百姓，爭取人民的認同，到了這個地步，方有添置產業、在這個國家安身立命的資格。

這句話是曾子所說，孔子評論道：「參之言此，可謂善安身矣！」曾參這些話，可說是善於安身立命啊！

這句名言告訴我們要戒懼謹慎觀察風向，從群臣的態度決定自己的行止，若在第一關，群臣不能信任，則當速離去；若想在這個國家安定下來，就不僅要爭取群臣的認同，還有百姓的歸附才成。

歷久彌新說名句

「富」與「貴」的語義是有差別的，「富」指的是財產的富有，「貴」指的是身分地位的高尚，所以是「達官貴人」而非「達官富人」，「達官」與「貴人」語義才相當。

有一則故事可以說明兩者的不同。《史記・趙世家》記載：戰國時趙烈侯喜歡音樂，他對相國公仲連說：「我有寵愛的歌人，可以貴之乎？」公仲連說：「富之可，貴之則否。」可以賞賜他們錢財，讓他們做官則不行。「富貴」兩字常連用，乃因有身分地位之人都富有財產，兩者關係相近。

「澤施於百姓」即「澤加於民」，出於《孟子》的例子。孟子對宋句踐說：「聽說你喜歡遊說縱橫之道，我告訴你如何才是遊說的正理。有人賞識你，你保持自得無欲；人家不賞識你，你也同樣自得無欲。」宋句踐說：「如何才能自得無欲呢？」孟子說：「尊崇仁德，樂於實踐道義，就可以自得無欲了。所以知識分子窮困時不會拋棄道義，發達時不會偏離仁德，所以人民不會失去榜樣。『古之人，得志，澤加於民；不得志，修身見於世』。窮則獨善其身，達則兼善天下。」「得志」謂出仕，順遂心志能夠施展抱負。古人出仕就會施加恩德於人民；不能出仕，就修養自己的道德，在世間樹立好榜樣。與此則名句談論「安身」之道可以互相映襯。

道雖貴，必有時而後重，有勢而後行

名句的誕生

自季孫之賜我粟千鍾[1]也，而交[2]益親；自南宮敬叔之乘我車[3]也，而道加行[4]。故道雖貴，必有時而後重，有勢而後行。

～孔子家語．致思

完全讀懂名句

1.粟千鍾：鍾，古時的容量單位，相當於六斛四斗。千鍾粟形容粟糧之多。

2.交：朋友。

3.乘我車：「使我乘車」的意思。

4.行：推行、推廣。

自從季孫贈送我千鍾粟之後，朋友跟我就更加親近；南宮敬叔向魯君進言，為我求得車乘之後，我的學說更加推廣。所以學說雖然好，也要有時機才能得到重視，有情勢配合才能得到推廣。

名句的故事

「季孫之賜我粟千鍾」事，又見《孔叢子．記義》。季桓子餽贈孔子千鍾粟，孔子接受沒有推辭，但轉手就將這些米糧分賜給生活艱難的弟子。子貢向孔子進言：「季孫贈您米糧，是因為您的貧困；老師您卻把米糧分賜他人，這不符合季孫的本意吧？」孔子回答：「我之所以接受千鍾粟而不推辭，因為這是季孫給我的恩惠和寵遇。接受別人的財貨是不能當作自己本身的財富。與其只有我一個人得到恩惠，不如讓更多人也能享受這恩惠。」

「南宮敬叔之乘我車」事，又見《史記‧孔子世家》。南宮敬叔對魯君進言道：「請賜給孔子一些東西，讓他能夠到周朝。」於是魯君就賜給孔子車乘一輛，兩匹馬，和一個服侍的童子，讓孔子到周朝問禮，期間曾向老聃請益。孔子回國後，跟隨的弟子與日俱增。

孔子因此感慨地表示，要不是有這兩個人的幫助，他的學說恐怕就不能推廣。

這句話「時」和「勢」指的是同一件事，即得到有權勢者的關愛，使得情勢有利於自己。季孫之賜粟，孔子拿來救濟友朋弟子，使得他們對孔子更有向心力；南宮敬叔向魯君求賜孔子車乘，使孔子得以適周問禮，增進自身的學問。除此之外，有權勢者的重視，就能引起他人更多關注，進而向孔子學習，這些事情都是有利孔子推廣學說的關鍵。

歷久彌新說名句

「時」在中國文化是一個極難言明的字眼，怎樣才算是好時機呢？對知識分子而言，能夠得到當權者的關愛，進而施展抱負，就稱為「得時」；反之就叫「不遇」。「時」與「遇」是一體兩面，「士不遇」就形成中國文學的一大主題，怨恨自己不遇於時。

宋朝宰相呂蒙正曾做過一篇〈破窯賦〉：一開始他即細數古來有才遇與不遇的人物，如「韓信未遇之時，無一日三餐；及至運行，腰懸三尺玉印；一旦時衰，死於陰人之手。」韓信未得劉邦賞識之前，三餐不飽；等到運來發跡，腰懸將印；到了時運衰落，就被呂后害死了。他在這裡強調「時」主導人的命運。

呂蒙正結論將人的一生歸之於時運，無疑有著明顯的迷信色彩，由此也可知古代知識分子對「時」抱持的矛盾心理，到底能不能遇、得時，誰也沒把握，因此只能歸之於不可究詰的天命。現代的社會多元開放，講究的是「把握時機，創造情勢」，將從前只能等待當權者垂愛的眼光轉回自身，自身才是主導命運的本體。

伐無道，刑有罪，一動而天下正

名句的誕生

武王正1其身以正其國，正其國以正天下，伐無道，刑有罪，一動而天下正，其事成矣。

～孔子家語．致思

完全讀懂名句

1.正：端正。

武王端正自身，以此端正國家；端正國家，以此端正天下；討伐沒有道義的國家，誅殺有罪的人；他一行動，天下就端正了，他的事業也獲得成功。

名句的故事

《大學》說道：「古之欲明明德於天下者，先治其國；欲治其國者，先齊其家；欲齊其家者，先脩其身。」古代想要自己崇高顯明的德行推行到天下聖王，一定要先治理好他的國家；想要將國家治理好，一定要先將家族整治好；想要將家族整治好，一定要先將自身修養好。這句話清楚表示中國古代「家國天下」一以貫之的道理，家庭乃是整個國家或整個天下具體而微的縮影，而家族的重心乃繫之於族長一身。

故族長能將家族治理好，方有資格挑戰更大的統治權。這種統治方式與統治思想，或許與古代部落社會的成形有關，國家至於天下，乃是無數部落組成，一個部落就是一個家族。

從上述觀念就可看出武王為何端正自身，就能端正整個國家乃至天下的道理。「無道」表面是指沒有道義的國家，但國家是個虛擬集合體，沒有人格，何來道義呢？

依照「家國天下」的觀念，國家乃是君王的投影，故無道的實指君王；「伐無道」指武王伐紂之事。「有罪」亦指「無道」，也就是對紂王施以刑戮。

此則名句以王者有似春雨，普施萬物，使萬物及時生長；王者推廣他的道德，使萬民皆得治。言武王伐紂是將他的道德潤澤萬民。

歷久彌新說名句

「伐無道」通常用為討伐前朝的說詞，歷史上最有名的「無道」通常指向下列三者：夏桀、商紂、以及秦始皇建立的秦帝國。大概這三人是歷史上惡名昭彰的暴虐君主，尤其是桀和紂，在儒家典籍的描述裡，幾乎是眾惡之所歸。

武王以武功讓天下恢復太平，而《呂氏春秋．君守》認為寧靜才是治理天下的好方法。《呂氏春秋》提到，懂得王道的君王一定保持寧靜，把自己的心思緊緊關閉起來，讓自己的想法不外露，外物的誘惑也進不來，「既靜又寧，可以為天下正」，寧靜的心思狀態，才可以主宰天下。

不外露想法，君主才可以保持高深莫測的狀態，讓臣下無由窺得深淺；也不具體擔任職務，將事情交給臣下辦理，自己執守虛靜之心，以一應萬變，這就是「無為而無不為」的道理。

可以與人終日不倦者，其唯學焉

名句的誕生

吾聞可以與人終日不倦者，其唯學焉！其容體[1]不足觀也，其勇力不足憚[2]也，其先祖不足稱[3]也，其族姓不足道也，終而有大名以顯聞四方，流聲後裔[4]者，豈非學之效也？

～孔子家語．致思

完全讀懂名句

1.容體：容貌形體。
2.憚：害怕、畏懼。
3.稱：稱揚。

我聽說可以讓人整天從事都不感到厭倦的，就只有學習這件事。一個人的容貌形體不值得觀看，勇力不值得害怕，祖先不值得稱頌，家族的的姓氏也不值得誇口，他最終能夠享有大名，讓四方的人都知道，聲譽流傳到後世，難道不是學問的作用？

名句的故事

這句話是孔子訓示他的兒子孔鯉所說的話。孔子認為可以讓人一同做某件事而不會倦怠的，只有學習這件事。

一個人如果想要使別人看重，不是靠外在的形貌和身體的勇力，也不是靠著祖先和家族的聲名；他個人名望的建立，唯有靠學習，多多充實自己內涵，才是最實在的。所以君子不可以不學習，接近他之後，覺得越發明亮，這是學問充實而外顯的緣故。

歷久彌新說名句

這段話也見於劉向《說苑．建本》，最後引《詩經》的話說道：「《詩》曰『不愆不忘，率由舊章』，夫學之謂也。」（不犯錯，不遺忘，一切循用舊有的典章制度，說的是學習的道理）此詩出於《詩經．大雅．假樂》，是讚美周成王能夠發揚美好的德行，邀天之祐，賜下千百億福祿於其子孫。成王之所以如此，是循用周公定下的制度才有此美德。

這和學習又有什麼關係呢？劉向《新序》可供我們解答。內容記載魯哀公向子夏請教道：「一定要學習才可以安國保民嗎？」

子夏說：「不學習還能安國保民，我沒聽說過有這樣的事。」

哀公又問道：「難道五帝也有老師嗎？」

子夏說：「有的。我聽說黃帝向大真學習，顓頊向綠圖學習，帝嚳向赤松子學習，堯向尹壽學習，舜向務成跗學習，禹向西王國學習，湯向威子伯學習，文王向鉸時子斯學習，武王向郭叔學習，周公向太公學習，孔子向老聃學習。這十一個聖人，沒有遇到他們的老師，就無法成就他們的功業，名聲流傳千古。」不學習，就無法明瞭古道，也就不曉得如何治理國家，當然無法安國保民了。

少思其長則務學，老思其死則務教，有思其窮則務施

名句的誕生

君子有三思，不可不察也。少而不學，長無能也；老而不教，死莫之思[1]也；有[2]而不施，窮莫之救也。故君子少思其長則務學，老思其死則務教，有思其窮則務施。

～孔子家語．三恕

完全讀懂名句

1.思：懷念。

2.有：富有。

有三個問題君子要經常思考，不可不明察。年輕時不勉力於學習，年紀大了就顯得沒有專長；年老時不致力於教導，死後就沒有人會懷念他；富有的時候不肯施捨，窮困時就沒有人願意援救。所以，君子在年少時若思慮到年長時的境況，就會努力於學習；年老時若思慮到身後之事，就會專力於教導；富有的時候若思慮到窮困的光景，就會盡力於布施。

名句的故事

這段話所談的「三思」與《論語．公冶長》的「三思」意思不同。當孔子聽到，魯大夫季文子行事之前總要先想三遍，他便說：「兩遍就行了。」這是針對季文子過於多慮的個性而發。

至於本篇中的「三思」講的是三種「思」，而不是「思三遍」，這三種「思」都是一種長遠的目光。生命在成長歷程中，若只將注意力侷限在眼前所見的情景，而忘了一切

都只是階段性的，不但隨時會失去，而且種什麼因，就會結什麼果，不提早思考，預做準備，很容易遇到措手不及的狀況。

年輕人的健康與體力，可以用來學習，也能用來遊樂；年長者的人生經驗，可以發為叨叨絮絮，也能尋思轉化為引導青年人的資糧；富有者的財寶，可以私自享用，也可以布施於有急難的人。

人在居處順境的時候，要如何運用自己的優勢，是沒有人能強迫的。然而，「人無遠慮，必有近憂」，有則當思無之時。這不只是謀略性的計算，而是本發於「用」的積極思維：建設自我，繼而與天下分享；我為人人，人人就能為我。這就是和諧而理想的人際互動！

歷久彌新說名句

少思長，老思死，有思窮，強調的是深思遠慮的必要；它是一體兩面的，不但是某種正面積極的長遠眼光，也是居安思危的警覺意識。

古人對於處於極盛狀態，或發展到大而美的事物，特別有危機感。《呂氏春秋．慎大篇》曾提到：「故賢主於安思危，於達思窮，於得思喪。」這就是危機意識的表現。凡事多想一步，從整體局勢來宏觀思考，我們就不會耽溺於現狀。

許多成功的企業主都有「好還要更好」的積極意識，這不是徒然製造自我要求的壓力而已，應該是他們皆有「如臨深淵，如履薄冰」的深切體認。

在爭強鬥勝之前，看清楚自己在變動局勢中的位置比什麼都重要！古語說的思之、悔之、慎之，提點的也就是這種遠慮的智慧了。

聽者無察，則道不入

名句的誕生

丘嘗聞君子之言道矣，聽者無察，則道不入[1]；奇偉不稽[2]，則道不信。

～孔子家語．三恕

完全讀懂名句

1.不入：聽不進道理，無法吸收瞭解。

2.奇偉不稽：過於奇怪而難以查證的事情。

孔子曾聽聞，君子宣說大道時，要是聽眾不能明白，道理就無法深入人心；要是講的人言詞過於誇大怪誕，那麼他所說的道理就無法取信於人。

名句的故事

伯常騫是周朝的小官吏，某日，他懷著滿懷憂慮請教孔子。伯常騫說：「我不認為自己是無能的人，但在這樣的時代，若按照正道為官，就與世人格格不入；若要我退隱不做官，這也很難下決心。難道沒有兩全其美的辦法嗎？我希望能飛黃騰達，也希望能不違正道啊！」

孔子聽了，大大稱讚說：「你問得多好啊！我從沒聽過來問話的人，能像你那樣把困難處說得如此切要！」於是，孔子從君子之「言道」、「言事」、「言志」和「養世」做出回答；這些分別對應傳播正道、參與政務、處世、為官之態度等四個層面。「聽者無察，則道不入」，正是孔子在解釋君子言道的正確方法時，所舉的反例之一。

有才德的人常會希望向世人宣說道理，這是積極的善意；然而，傳道是有技巧的。如果說道者，不能說得清楚明白，或是說得過分誇誕，都會使傳達的效果不如預期。所以，君子的言語要如何能既「入」又能「信」，在世俗觀念與崇高理想之間，取得表述方法的平衡。因此，思考這件事永遠是十分重要的事情！

歷久彌新說名句

父母在教小孩吃飯要有規矩時，應該很能體會「聽者無察，則道不入」的道理。

湯匙不可以亂敲碗，喝湯不要出聲音，嘴裡塞滿菜飯時不能講話，這些文明發展出來的禮儀，家長總是要軟言軟語、恩威並施，才能讓孩子慢慢接受這一套。有些人在耐心用盡時，也許會直接大聲喝叱：「再不好好吃飯，警察就來抓你！」但小孩被嚇唬幾次之後，也會回嘴說：「警察根本不會來！」這就是「奇偉不稽，則道不信」了！就這點而言，天下父母親和儒家君子一樣難為。

如果，說道的人不能使聽者明白，那麼他說得再多、再好聽都沒用。在這裡，出現問題的不是「道」，而是說道的方式。

《荀子．解蔽》就認為「惠子蔽於辭而不知實」，因此「由辭謂之道，盡論矣」。惠子即惠施，屬於名家。名家是古代少數自覺發展邏輯思維的流派，一句「白馬非馬」或「堅白石」，就能與人辯論半天，繞來繞去談的都是「抽象的概念」。這在荀子眼裡看來，就是議論太多但全沾不上正道的邊，所以才說名家是「蔽於辭」。

這是古人很特殊的一點，他們傾向針對人們的生活談道，卻不愛架空玄虛談抽象之事。君子言道，為的是推展教化，非得講到普通人都懂才善罷甘休。不過，也正是這種積極入世的精神，才使得儒家的經典在走過悠悠歲月，仍能成為現代人的處世準則啊！

制無度量，則事不成

名句的誕生

又嘗聞君子之言事矣，制無度量，則事不成；其政曉察[1]，則民不保[2]。

～孔子家語．三恕

完全讀懂名句

1. 曉察：分明而細查，指政令過於繁瑣嚴苛。
2. 不保：民心惶惶，不能安定。

又曾聽到君子說明有關政務的問題，若是制度沒有一個衡量的準則，那麼事情就很難辦成；要是政令過於繁瑣嚴苛，百姓會惶惶不安。

名句的故事

這句話也是孔子對伯常騫的回答之一。伯常騫請教孔子，為官處政如何能不違背正道，又能在俗世中通達無阻呢？孔子認為，在政務人事方面，首先要建立行政制度。

當政務人事的規範和標準樹立起來，官員和百姓都可以依制度行事，減少循私偏阿的發生率。

但是，制度畢竟是死的，而人是活的。倘若制度細微到連雞毛蒜皮的事都要規定，還要求大家務必遵守，這樣麻煩就出現了。一件事本來只要有基本的原則，讓大家在合理的範圍內，各憑能力去完成；然而，過於繁瑣嚴苛的制度反而讓人不安，唯恐做錯一點點錯誤，就要遭受懲罰。

使人惶恐的制度和過於鬆散的制度，都有「太過」與「不及」的問題；若能在兩者之間取得平衡，政務就能通行曉暢，為官者自然就可以受到大家的敬重與愛戴。

歷久彌新說名句

「制無度量，則事不成」也有一句類似的名句「不以規矩，不能成方圓」；後句是從工藝來說明相似的道理。

假若工匠要做一扇門，他不用直尺而憑藉「手感」在木料上畫線，那這扇門十有七八會歪斜、難以精準的裝配到門框上。若建築師做房子設計圖時，全然不使用測量工具，這房屋即使勉強蓋成了，住戶的安全也是有疑慮的。

所謂「工欲善其事，必先利其器」，器是工具、衡量的標準；標準確立了，工具確時發揮效用了，工事也就能「使命必達」。

《史記．秦始皇本紀》寫道，秦王一統天下，馬上頒布法令，使國內「一法度衡石丈尺，車同軌，書同文字」；這在歷代史學家看來，都認為是值得稱道的智舉。度量衡的統一，實為發展民生事業的基礎。同樣的道理，要避免交通大亂，車子的大小規格就得有個標準；政令要能準確傳達，全國各地的文字就要一致，如此才能有效領導國家的發展。

《韓非子．解老》曰：「聖人盡隨於萬物之規矩，故曰：『不敢為天下先。』」這是法家的思維，認為凡事只要將規矩確立了，則事無不就，功無不成；聖人不必「為天下先」，也可以「無為而無不為」。

這就是事半功倍的意思，由此可見，制度之於成事是不得不深思的環節。

聰明睿智，守之以愚

名句的誕生

聰明睿智，守之以愚；功被天下，守之以讓；勇力振世[1]，守之以怯[2]；富有四海，守之以謙。此所謂損之又損之之道也。

～孔子家語．三恕

完全讀懂名句

1.振世：「振」與「震」同，意即令世人感到震撼。

2.怯：膽怯柔弱的樣子。

聰慧明智，而能以駑鈍自安；功名蓋及天下，而能以退讓自守；勇猛力氣足以震撼世界，而能以膽怯柔弱自居；擁有四方的財富，而能以謙虛自持。就是削貶又削貶的道理。

名句的故事

孔子在參觀魯桓公的廟堂時，看到一只器皿傾斜浮著，便問守廟人：「這是什麼器皿？」守廟人回答：「這是放在座位右側、用來自我警惕的器皿。」孔子說：「好極了，我終於見到這種器皿了！」當下就吩咐弟子取水，慢慢灌入皿中。當水加到恰到好處時，那器皿就由傾斜而扶正；當水盈滿時，那器皿就整個傾覆了。

孔子見狀嘆息道：「唉！凡事哪有過滿而不傾覆的呢？」子路問：「難道這世界上沒有保持『滿』的辦法嗎？」孔子於是回答子路關於「損之又損之」的道理。不論是聰明才智也好，剛猛勇健的力氣也好，功績或財富也好，人們總是希望自己能在某方面維持顛峰狀態；但弔詭的是，越想要「持滿」，就越應表現出自我貶損的姿態。

聰明人若不處處與人爭才智第一，他就不會「聰明反被聰明誤」。富可敵國的人若懂得謙虛布施，就不會樹大招風。表現出謙損的樣子，不在言語和外表上出風頭，不但不會讓自己的聰明或財富減少，反而能安然的「持滿」。孔子說，這也就是一種「道」！

歷久彌新說名句

「聰明睿智，守之以愚」的另一個說法，就是「大智若愚」；這四字出自於《老子》，也是說明謙損、不盈的處世智慧。

古人所說的道理，都是從日常生活中體悟出來的。孔子在廟堂看到「座右皿」裝滿水後便會傾覆，便體會「損之」的大道；自然界的變化同樣也耐人省思。一天中，太陽在正午的極亮極熱之後，就會慢慢西降，待隔日再東昇、回到正午的頂點；一年中，則有四季盛衰交替，草木由榮轉枯，循環不已。倘若太陽不「自損」，執意留在天頂，而四季中只有春、夏，沒有秋、冬，那該是多麼可怕的光景！恐怕地球的環境就不適合生物存活了！《易經．繫辭》說：「天道虧盈而益謙，地道變盈而流謙」，「謙」在這裡是廣納萬物的概念；正因為天地能「自損」，萬物才能生生不息，共存共榮。

《淮南子．道應》把聰明而守愚、博聞而守陋、武勇而守畏、富貴而守儉、德高而守讓等視為五德，並且說：「此五者，先王所以守天下而弗失也；反此五者，未嘗不危也。」在古代帝王學中，盈滿是最忌諱的事之一，稍有不慎，國家社稷就有傾覆的危險。《易經》也說守謙則君子有終，的確，美好的結局比逞一時的快意自滿來得有價值。

其流也則卑下倨邑，必修其理，此似義

名句的誕生

孔子觀於東流之水，子貢問曰：「君子所見大水必觀焉，何也？」孔子對曰：「以其不息且遍，與諸生而不為也，夫水似乎德；其流也則卑下倨邑[1]，必修其理[2]，此似義。」

～孔子家語．三恕

完全讀懂名句

1. 倨邑：音ㄐㄩˋ ㄧˋ，蜿蜒曲折。
2. 必修其理：修，循。理，文理。此言必定循著水流動的道理。

孔子觀看向東奔流的河水。子貢問：「君子見到弘大的水流，就必定要觀賞，這是為什麼呢？」孔子答道：「因為它川流不息且遍布各地，為生物帶來滋養卻不居功，此水近乎有德；它蜿蜒曲折往低處流動，必然遵循著水流動的道理，這又近乎有義。」

名句的故事

孔子對於「水」很有感觸。

在《論語．雍也》孔子說：「知者樂水」；因為水是流動的，與智者的活潑思維能互相應和。在《論語．子罕》中，孔子感嘆道：「逝者如斯夫！不舍晝夜。」這是被洶湧奔馳的水勢所觸發，再次體認到運行不息、自強而日新的道理。

這回孔子站在河邊觀水，他又興起若干體悟；當子貢一發問，他馬上就道出「觀後感」。

河水川流不息，滋養萬物，這可比喻為有德。水流看似無心，但卻會循著一定的河道流動，不至於亂竄，這就是有信有義。水域廣袤，豐沛不竭，令人想及無窮盡的道。

大水氣勢磅礡，穿山岳嶺，這是勇；它填平低窪，但水面仍持平而直，這是有法而能正；水的質地柔美、透明無欺，這是明察；河水自發源地出，必定朝東流去，這是有貞定的志向。最後，水能潔淨一切物，就像善於感化的老師一樣。

孔子將水的特性，當成君子的人格來聯想。以言語談德性，不免有點抽象；若藉由觀水來解說，就深刻不少。觀此而悟彼，這正是古人思維饒富深趣之處。

歷久彌新說名句

歷代文哲之士，皆不乏有傳世的觀水心得。蘇軾站在赤壁前曾發出喟歎：「大江東去，浪淘盡，千古風流人物。」雖談的是三國人物，但他不也是被向東奔馳、氣象雄闊的江水，勾起了男兒氣概與思古之情。

水激發了文人的靈感，也滋養了哲人對於德性的體悟。《道德經》提到：「上善若水。水善利萬物而不爭，處眾人之所惡，故幾於道。」老子認為水滋養了萬物的成長而不爭功，又能卑下曲流、能洗潔髒垢，為眾人不樂為之事；所以水以其化育之德、柔軟變通的身段，而與「上善」近似。

《孟子．盡心》也說：「觀水有術，必觀其瀾。」所謂「觀其瀾」，即觀水之大波前進的樣態。大水必然填平了所有窪洞，才能繼續往前奔流；孟子以此與君子之志對舉，是非常好的譬喻。

從水的特性反照人之修養的方法與境界，一邊修習，一邊觀想著水性，兩相對照之下，處世哲理就更加明朗。由此看來，觀水之義大矣！

與小人處而不能親賢，吾殆之

名句的誕生

夫幼而不能強學，老而無以教，吾恥之；去其鄉，事君而達，卒遇故人，曾無舊言[1]，吾鄙之；與小人處而不能親賢，吾殆[2]之。

~孔子家語．三恕

完全讀懂名句

1. 舊言：敘舊寒暄的話。
2. 殆：認為為是危險、有害的。

年輕時不努力向學，老時沒有東西可以教育下一代，我感到此人可恥；離鄉背井，侍奉君王而飛黃騰達，偶遇過去的朋友時，半點寒暄敘舊的話都不說，我感到此人無情而鄙陋；與小人為伍而不親近賢能有德之人，我感到此人是危險而有害。

名句的故事

孔子在此提到三種應該譴責的人：即年少時不努力學習的人、顯貴後不念舊的人，以及與小人群聚不親賢的人。這剛好對應儒家向來十分關注的三個層面，即學習、仁愛與舉賢。

在孔子的時代，他的學說主要是為了影響知識階層、統治階層，這些人通常有機會活躍於政治或學術舞台，影響廣泛的人民與學子。因此他們的學問、人格操守是否良好，顯得格外重要。其中，辨別賢與不肖，對於統治階層而言尤其關鍵。

一國之君若沒有識人的警覺，把不肖之輩當成可以親近的對象，反將賢能之人當成不受歡迎的人物；那麼這個國家的政治處境必然堪憂。

無怪乎要用「恥之」、「鄙之」、「殆之」這些憎惡至極的字眼。隱藏在這強烈責難中的，是孔夫子的求好心切啊！

歷久彌新說名句

漢代的政論有個共識，文人們口徑一致的強調君主接近賢臣、廣納諷諫的重要性。

因為漢帝國是滅了秦才建立的；若要追究秦朝為何迅速夭亡，秦二世過於寵信佞臣趙高這件事，絕對是能排在前三名的主因。

當劉邦和項羽的軍隊，分別打下大半秦朝江山時，二世皇帝仍被趙高蒙在鼓裡，以為海內外一片昇平。漢初大臣賈誼，在《新書．過秦論》中說：「嚮使二世有庸主之行，而任忠賢，臣主一心，而憂海內之患。」這是感慨秦二世若能懂得用賢人，即使自己資質平庸，國家社稷也不至於動搖。

早在戰國時，荀子就說：「昔虞不用宮之奇而晉并之，萊不用子馬而齊并之，紂刳王子比干而武王得之。不親賢用知，故身死國亡也。」比干、宮之奇和閔子馬都是著名的賢臣，但都遭遇到不被君主信任的難堪處境。荀子於是下了批判：賢人是國家的棟梁，拔除了棟梁，屋子就會坍塌；同樣的，拔除了賢人，國家的命運可想而知。

《孟子．盡心》中有一句「當務之為急」，即成語「當務之急」的出處。當務之急是在急什麼呢？孟子說：「仁者無不愛也，急親賢之為務。」意即仁者聖王的愛是廣施而普遍的，但事有緩急本末，首先要先親近賢人，才是明智的舉動，這就是孔夫子欲向後人提醒的當務之急呀！

輕千乘之國，而重一言之信

名句的誕生

賢哉楚王，輕千乘之國[1]，而重一言之信，匪[2]申叔之信，不能達其義，匪莊王之賢，不能受其訓。

~孔子家語．好生

完全讀懂名句

1. 千乘之國：古代一次能出動千輛兵車的，就稱之為大國。
2. 匪：不是，沒有。

楚莊王賢明呀！不在乎把一個大國收歸己有可以獲得的無窮利益，反而重視自己曾說過的承諾。如果沒有申叔時的誠實告誡，不可能達成這樣的正義。如果不是楚莊王的賢明，不可能接受這樣的諫言。

名句的故事

夏姬是春秋時代的大美女，她本是鄭國人，之後嫁給陳國人。丈夫死後，她卻與陳國的君臣三人有曖昧關係，更離譜的是這三個人尋歡作樂之後，竟然拿夏姬之子夏徵舒取笑，彼此大言不慚表示夏徵舒是自己和夏姬所生的。夏徵舒受不了這種恥辱，一氣之下射殺了國君陳靈公。

楚莊王因此藉故出兵討伐陳國，並且向陳國的人民聲明：「不要擔心，我只是要討伐弒君之罪的夏徵舒，沒有其他目的。」為了爭取鄰近的齊國保持中立，他還派了大夫申叔時到齊國游說。因此，楚軍幾乎不費吹灰之力就攻進陳國都城，捕殺夏徵舒。

楚莊王龍心大悅向大家宣布：「陳國已經

被消滅了，從現在起改為陳縣。」當大家都向楚莊王道賀時，只有大夫申叔時完全沒有表達祝賀之意。楚莊王好奇的詢問原因，申叔時說：「您當初要出兵伐陳時，宣布是為了懲罰夏徵舒的罪，這是正義之舉，是可以被天下人所敬仰的。現在怎麼把別人的國家也滅了呢？如果把陳國變成陳縣，那麼當初征伐的性質已經變質，反而成了披著羊皮的狼，這樣一來，天下還有誰會再相信您的話呢？今後又要拿什麼號令天下呢？」

楚莊王聽後，恍然大悟。於是宣布收回成命，履行諾言，不但恢復陳國，還派人將已經逃到晉國的陳國公子迎接回來繼承王位。

因此孔子才會稱讚楚莊王是賢明的呀！經由申叔時的提醒，而成為一位「重約定、講誠信」的君王。

歷久彌新說名句

在戰國七雄中，秦國的國力原本是比中原各諸候國落後。秦孝公即位後，下定決心發憤圖強，他重用商鞅變法改革。

商鞅知道要讓法令順利推行，必先取得人民信任，於是他命人在都城南門豎立一根木頭，公告「誰可以把這根木頭移到北門，就可以獲得黃金十兩的獎賞。」

看到這樣的告示，大家都認為商鞅在開玩笑，於是沒人理會。商鞅不但沒放棄，還把賞金提高到五十兩黃金，大家議論紛紛，就是沒人願意去移動木頭。就在這時，有個人走出來說：「我就來試試看吧！」當他輕輕鬆鬆把木頭移到北門時，商鞅立刻派人帶著五十兩黃金來賞給這個人。這件事立即傳遍整個秦國，商鞅知道人民已經深信政府，於是就把他擬好的改革法令都公布出去。這些新法令賞罰分明，秦國自從商鞅變法以後，國力逐漸變強，甚至統一六國，成為霸主。商鞅的這段故事正說明了「信用」對於治國者是多麼重要。

思其人必愛其樹，尊其人必敬其位

名句的誕生

孔子曰：「吾於〈甘棠〉[1]，見宗廟之敬，甚矣。思其人必愛其樹，尊其人必敬其位，道也。」

～孔子家語．好生

完全讀懂名句

1. 甘棠：《詩經》的一則篇名，歌頌召伯的教化。

孔子說：「我看〈甘棠〉這首詩，就好像看見對宗廟最極致的尊敬。思念那個人，必定連他曾經乘涼的大樹都會愛護，推崇那個人，必定會尊敬他所在的位置，就是道。」

名句的故事

〈甘棠〉可能是《詩經》中最早一首有關個人崇拜的詩。詩中的「召伯」是是西周初年著名的召公姬奭，召是他的封地。他是周文王的兒子，周武王的弟弟，輔佐武王滅商，被封於北燕，是春秋時燕國的始祖。

周成王即位時，年紀尚幼，由召伯出任太保，與周公旦以陝為分界，陝以西歸他管理。

在召公的治理下，政通人和，《史記》曾記載：「決獄政事其下，自侯伯至庶人各得其所，無失職者。」因而深受當地貴族和平民的愛戴。傳說他曾在一棵甘棠樹下辦公，晚上也睡在這裡。召公死後，人民為了紀念他，捨不得砍伐這棵樹。

所謂「人惠其德，甘棠是思」，這首詩就是這麼來的。雖然只有短短的九句，但充分表達那份深情。

歷久彌新說名句

〈甘棠〉表現的是百姓敬仰召公，對召公昔日所休憩乘涼的甘棠樹也愛護有加。召公昔日為百姓辛勤斷獄，百姓對他的這份敬愛。

三千年前的孔子就特別重視這首〈甘棠〉，有人說孔子之所以重視，是因為詩中所唱的召伯，行的是文王之教，孔子尊文王而重〈甘棠〉。若用孔子自己的話來看，就是「民性使然」。

人性不分貴賤，不分古今。百姓敬樹如敬人，人性使然；人們愛人如愛德，人性使然。偉人不是靠威權，不是靠槍砲，更不是造神而來。偉人是人性鑄成的光環在他身上的映照，這樣的偉人不會隨時間流逝而消退光環。

孔子透過〈甘棠〉一詩，倡導互愛有禮的理想社會，在上者關愛在下者，努力為人民謀福利；在下者擁戴上位者，以宗廟之敬來懷念追思故人的恩惠。

孔子用一個「報」字總括詩旨，然後「敬愛其樹，其報厚矣」，圍繞「報」的主體深入揭示詩的真諦，潛移默化中向學生灌輸他的理想，提升學生審美和道德的水準，來實現《詩經》的教化功能。

楚王失弓，楚人得之

名句的誕生

楚王出遊，亡[1]弓，左右請求之。王曰：「止[2]，楚王失弓，楚人得之，又何求之！」

～孔子家語．好生

完全讀懂名句

1. 亡：失去、弄丟。
2. 止：不准、阻擋。

楚王外出打獵，丟了一把好弓，左右隨從要去尋找弓，楚王卻說：「不用了，楚王我所遺失的弓，終究會是被楚國人撿到，何必要去找呢？」

名句的故事

春秋時期，楚恭王愛好打獵，有一天在圍場追逐一頭野獸，縱馬飛奔，回來時才發現自己心愛的弓遺失了。楚恭王的隨從們緊張想趕快去尋找，但楚恭王卻釋懷說：「不必去找了，楚王遺失一張寶弓，大不了還是楚人撿去的，何必為了尋找弓而勞師動眾呢？」事後，人人都稱讚楚恭王寬宏大量。

孔子聽到此事，認為楚恭王還不夠寬宏啊！如果換個說法，只說『有人遺失了弓，就有人撿到弓』，多好！加一個『楚』字，聽起來多麼小氣。

這則故事後來演變為成語「楚弓楚得」意思是雖然失去某物，但沒有落到外人手上，比喻利益不流失。

楚王認為自己雖然弄丟了弓，但還是會被楚人撿到，所以覺得欣慰，這說明了楚王是用「小我」的方式思考，未能達到「大我」的境界和孔子的說法相較，楚王是「國家觀」，而孔子則是「天下觀」。

歷久彌新說名句

除了儒家外，後來道家、佛家也都對這件事作出評價，立場往往是批評其侷限性。根據記載，道家的代表人物老子聽到楚弓楚得的故事以及孔子的評價後，說道：「去其人而可矣」，表示連人也不必拘泥，只說「失之，得之」即可。雖然這則評價很可能是《呂氏春秋》穿鑿附會寫的，但卻反映了道家的立場，主張人與萬物都是一樣的，在自然界皆平等。

到了明朝末年，佛教的蓮池大師曾評論過孔子和楚王。蓮池大師認為楚王的「楚弓楚得」固然是滄海之胸襟，而孔子的「人弓人得」則是天地之度量。然而，孔子的話也僅僅是針對楚王而言，並沒有將心中廣大的境界表達得淋漓盡致。

蓮池大師解釋：「雖然孔子的境界高於楚王，但仍『不能忘情於弓』。弓是身外之物，本來就沒有所謂的『失』或『得』。若以這觀點來看兩人，都是『不能忘情於我』。連『自我』都不可得，又如何去求所謂的弓、人、楚呢？」蓮池大師的評價，展現了佛家「四大皆空」的境界。

儒家重人，講人應該大公無私，因此評論不應拘泥於楚國。而道家重道，所以講出一個道理，故評論不應拘泥於人。佛家講的是空，故而評論對弓、人、楚等概念都應超脫。

根據各派對楚弓楚得的不同立場，孔子不說「楚」，是世界主義者，而老子連「人」都不說，則是宇宙主義者。

言人之美也隱而顯，言人之過也微而著

名句的誕生

君子哉漆雕氏之子，其言人之美也隱而顯，言人之過也微而著，智而不能及，明而不能見，孰克如此？

～孔子家語．好生

完全讀懂名句

1. 漆雕氏之子：姓漆雕名憑，春秋時期蔡國人，孔門七十二賢之一。漆雕開、漆雕從、漆雕侈、漆雕憑四兄弟和曹卹、秦冉合稱為蔡地的「孔門六賢」。

漆雕憑可稱得上君子啊！說人的優點雖然沒有明說，但卻非常清楚讓人知道，議論人家的缺點，可以因小識大。他的才智是其他人所不可及，他的聰明才智是不外顯的，誰能夠做到像他這樣呢？

名句的故事

「謹言慎行」是孔子所強調的做事原則，平時要求自己就已經不容易了，更何況是去評斷別人。說話是一項藝術，評斷別人更是一門大學問。所謂謹言慎行其實就是不做錯事、不亂說話而已。

孔子強調「聽其言而觀其行」孔子說這句話是因為他的弟子宰予給他的體悟，他認為觀察一個人，不僅聽他的話，最重要還要觀察他的行為。聽一個人說話很簡單，但是否真的有道德品質，則必須仔細觀察，言行之間不見得可以畫上等號。「不以言舉人，不以言廢人。」重要的不是「聽其言」，而是「觀其行」。孔子問漆雕憑，魯國三位大夫孰賢，漆雕憑以客觀的角度簡單陳述三人平常的行為，但卻不直接點明孰優孰劣，這是相當聰明的做法，因為好壞的定義有時很主觀，就讓聽者自己判斷吧！

聰明人說該說的話，愚人說想說的話。漆雕憑雖然沒有直接回答孔子的問題，但是以分析代替直接回答，乍看之下，漆雕憑答非所問，但事實上他的回答才是巧妙。

歷久彌新說名句

晉國范宣子問叔孫豹：「什麼是不朽？」叔孫豹說：「魯國有位大夫叫臧文仲，死了以後，他的言論還被人牢牢記住，所謂的不朽大概就是這個吧！」

臧文仲歷仕魯國莊公、閔公、僖公、文公四君，從政五十多年。他死後，家族對國家的影響仍很深。直到春秋時代結束的二三百年間，歷史上記載臧氏在朝為官所知者有九代十卿，是魯國唯一貫穿春秋始終的世卿大族。

臧文仲在位期間，做了不少好事，而且對人對事的評價都非常明智，有人說他是魯國第一等的聰明人。他長於辭令、知識淵博、諳熟典章，常對列國時政發表個人見解、有識見和判斷力。他不僅預言了宋國的崛起、輕視弱國的敗局，也預言了衛文公之死。

魯莊公十一年的秋天，宋國遭到水災侵襲，魯莊公派使者前去慰問，宋閔公把天災攬到自己身上，表示：「孤對上天不誠敬，老天爺降下了災難，還讓貴國國君擔憂，非常拜謝貴國國君關注之情。」當時的臧文仲聽說這件事，他稱讚宋國國君的「罪己」行為，說：「宋國快興盛起來了！大禹、商湯罪己，其興也悖焉；夏桀、商紂把罪責推給別人，其亡也忽焉。」

周天子派使臣來魯國通報王室所處於禍難，周襄王的意思表達得很謙卑，但臧文仲回答使臣說：「天子蒙塵於外，敢不奔問官守。」意思是說明首長和中央的官員們在外面遭罪，我們怎麼敢不趕緊慰問。當時各國諸侯都派人慰問周襄王，只有衛文公沒有派人去。臧文仲感慨預言，說道：「衛侯快要死了吧！列國與王室的關係就像樹木和根的關係、水與源頭的關係一樣，一個國君心裡沒有王室，就像樹木失去根本、流水失掉源頭。」果然一語成讖，第二年衛文公果真命終。

臧文仲不僅賢明，而且剛毅正直、知書識禮，德行和見識都非同凡人。雖然他沒有舉人唯賢，但並不妨礙他成為一個有歷史影響力的人。

君子以心導耳目，立義以為勇；小人以耳目導心，不愻以為勇

名句的誕生

君子以心導耳目，立義以為勇；小人以耳目導心，不愻[1]以為勇。故曰退之而不怨，先之[2]斯可從已。」

～孔子家語．好生

完全讀懂名句

1.愻：音ㄒㄩㄣˋ，謙遜。

2.先之：將其擺在首要的位置。

君子是用心來指導所有的行為，用正道、正理為行事準則，以樹立仁義稱之為勇。小人則是以聽覺或視覺來指導自己的心志思想，認為不謙遜就是勇。所以說君子被斥退時，一點也不埋怨；把他放置在重要的位置時，我們可以去追隨依靠他。

名句的故事

孔門弟子有三千，並非每一個都文質彬彬，子路便是衝動魯莽的典型。他比孔子小幾歲，生性粗豪、好勇鬥狠、脾氣爽直。他在頭上插雄雞的羽毛，佩戴野豬的牙齒，子路認為這些東西可以作為勇氣的象徵。

子路初次遇到孔子時，仗著自己孔武有力，侵犯了孔子。孔子則以禮相待，設禮儀教化子路。子路受到感化，才換穿儒者的服飾，把名字寫在門帖上，藉著孔子其他門人的介紹，投到孔子門下，拜孔子為老師。

子路從「冠雄雞，佩猳豚」，轉變為儒服儒冠，在外表上的確有很大的改變。但「性

鄙、好勇力、志伉直」的子路，再怎麼說都不可能完全變成一個不慍不火的人，他的行動力永遠超過他的思考力。

由於子路的個性是衝動型，孔子時常提點他「勇當合於義」。子路曰：「君子尚勇乎。」子曰：「君子義以為上。君子有勇而無義，為亂。小人有勇而無義，為盜。」對子路這樣個性的人來說，他認為勇是所有行為中最重要的。

但在孔子看來，單單有勇是不夠的，更重要的是要有義。好勇過頭，容易莽撞，沒有以義當支柱的勇，很可能會變成逞凶鬥狠。

歷久彌新說名句

這裡講的是君子和小人的分辨標準，是從行為的角度，不是從地位的角度。君子的行為都是在心的控制下，以「禮」為標準，所以原則性很強，惟有合乎正義才能稱得勇敢。

小人的行為是在耳目的導向下，故原則隨環境而變化，以桀驁不馴作為勇敢的象徵，就像那些地痞流氓。

孔子認為一個完美的人必須具備：高度的智慧、深厚的道德涵養、敢決斷的精神、高度的禮樂修養。不過，這樣的要求實在太高，所以孔子又說只要能夠「見利思義」、「見危授命」，在見到對自己有利的事情時，先考慮一下是否合情合理，符合仁義。危險時，為了完成任務，寧可犧牲自己。

不管時間多久，都能言行一致，說到做到，就是了不起的人。所以「見利思義」、「見危授命」也成為考驗一個人的重要標準。

富貴者送人以財，仁者送人以言

名句的誕生

吾聞富貴者送人以財，仁者送人以言。吾雖不能富貴，而竊[1]仁者之號[2]，請送子以言乎！凡當今之士，聰明深察而近於死者，好譏議人者也；博辯閎達而危其身，好發[3]人之惡者也。無以有己，為人子者；無以惡己，為人臣者。

～孔子家語．觀周

完全讀懂名句

1. 竊：盜用。
2. 號：名義。
3. 發：揭發。

我聽說富貴之人餞行時，常常贈送財物給人，仁義之人則是用言語來送人。我雖然不能比別人富貴，卻盜用仁愛之人的名義，想要送您幾句話：現在的知識份子，大多聰慧又能深思洞察一切，卻常遭到困厄、瀕臨死亡，那是因為好議論別人的緣故。學問淵博、見識廣大的人卻常使自己遭到危險不測，那是因為好揭發別人罪惡的緣故。做子女的應該心存父母，不該只想到自己。做人臣子的應該心存君上，不要使人憎恨，才能保全自己、保全臣節。

名句的故事

孔子作學問是有計畫的，他經常集中數年時間，只專注某一方面的研究。他對於「禮」這件事很在意，不但推崇周禮，更深入研究。

老子姓李名耳，在周朝擔任「守藏室之

史」的職位（相當於現在的國家圖書館館長或歷史博物館館長）。他熟於掌故，精於歷史，諳熟周禮，明於天道，通於歷數，雖然沒有正式招收學生，但來向他問學的人絡繹不絕。孔子早就聽說老子精通周禮於是想前往求教，無奈困難重重，一直無法如願。

有一天，孔子向他的學生南宮敬叔談了自己的想法，南宮敬叔於是說：「一年一度向周王進納的時節又到了，往年都是由家父前往，今年我奏明君上，讓先生和我一起去，如此便可收到一舉兩得之利。」南宮敬叔刻不容緩奏明魯昭公，昭公欣然准奏。

其實，昭公是另有目的。其一，他知道南宮敬叔是個賢臣，由他陪同孔子出國，完全可以放心。其二，孔子早有賢名，如果可以借重他，對自己日後的政治發展必定是一大助力。其三，昭公早就不滿於眼前的政治局勢，政權旁落，自己充其量只是一個傀儡。

他心想孔子前往周都，必定可以找到方法解決目前的狀況，於是立刻頒賜車子一輛、馬兩匹、駕車者一人給孔子，由敬叔陪同前行。

孔子到了周都，不但問禮於老子，同時也向樂師萇弘學習音樂，考察明堂、太廟等收穫豐富。

結束了所有的學習，孔子要回返魯國，老子為他餞行，用心良苦的說了這些話。因為他擔心孔子對於世間的一切太過積極，可能會讓自己陷入困境。因為有許多問題並非一朝一夕就可以解決，不管是要評議時政或揭發弊端，都要三思而後行，採取合宜的手段，這是身處亂世所必須學會的道理。

孔子聽了老子的這番話之後，大澈大悟，返回魯國之後，他的學問修為更加高深，四面八方來向孔子求學的弟子增加到三千人，建立了萬世師表的楷模。

歷久彌新說名句

孔子是儒家學說的倡導者，老子則是道家思想的創始人，中國歷史上這段「孔子問禮於老子」的故事不僅僅是兩位聖人相遇而已，更具有儒道兩種思想文化相互碰撞、彼此交流的實質意義和見證。

老子比孔子年長，在當時，老子已是得道的長者，孔子則是後生晚輩。老子送孔子的這段話，可以看成是長者對晚輩的諄諄告誡，蘊含深奧的睿智，也充滿了善意。

其一，告誡孔子注意「禍從口出」。那些聰明、博學善辯的人之所以常常會有生命危險，就在於喜歡議論別人、揭發別人的惡端。其二，為人子女者，要做到心中只有父母而無自己；為人臣子者，則要做到心中只有君主而無自己。

姑且不論老子這段話中所隱藏的深意，僅是「富貴者送人以財，仁人者送人以言」這句名言就足以發人深省。

「送人以財」只能解決一時的溫飽，「送人以言」則能使人受益一生。歷史上有多少人在生前爭名逐利、汲汲於榮華富貴，死後卻難逃千古罵名。

身為文人的孔子，一生只是著述立說，死後卻能名垂青史，世世代代受人尊崇敬仰，正是「仁人者送人以言」這句話最好的印證。

誠能慎之，福之根也；口是何傷，禍之門也

不要多話，話一多，失誤必定也多；不要多事，一旦多事，禍患災難也必定多。即使生活在安樂的環境，也一定要戒慎恐懼，不要做令自己後悔的事情。不要說沒有什麼損傷，那引起的禍患將會影響深長；不要說沒什麼損害，那引起的禍害將會擴大；不要說沒人知道，上天正在觀察著你。小火苗如果不撲滅，等到火勢猛烈時，該怎麼辦呢？小水流如果不堵塞，終將成為長江大河；連續不絕的細微線條，如果不扯斷它，最後可能被織成大網子；細微的枝節，如果不拔除它，將來就非得用斧頭不可。假如能夠謹慎小心，將是招來福氣的根基；多嘴多舌不是沒有損害，它正是招致禍患的門徑。

名句的誕生

無多言，多言多敗；無多事，多事多患。安樂必戒，無所行悔。勿謂何傷，其禍將長；勿謂何害，其禍將大；勿謂不聞，神將伺[1]人。焰焰[2]不滅，炎炎[3]若何？涓涓不壅，終為江河；綿綿不絕，或成網羅；毫末不紮，將尋斧柯。誠能慎之，福之根也；口是何傷，禍之門也。

~孔子家語．觀周

完全讀懂名句

1. 伺：暗中偵察。
2. 焰焰：火剛燃燒的樣子。
3. 炎炎：火光猛烈的樣子。

名句的故事

俗話說：「什麼樣的人，說什麼樣的話。」言語表現一個人內在品德修養。

《論語．學而》記載：「敏於事而慎於言。」聖賢一再告訴我們，做人一定要懂得謹言慎行。要做到言語適當，更重要的在於自我德行的培養。心地純真善良，說出來的話自然真誠可信；心地平靜祥和，必然不會多嘴多舌，遠離糾紛。因此，不但言語方面須自我克制，更必須培養一顆謹慎的心。品德提升之後，言語會更趨於圓融，自然可避免禍患。

歷久彌新說名句

西晉大臣叫羊祜，他在晉文帝、武帝兩朝擔任尚書左僕射，負責處理宮中重要機密等相關事務，最後受封為鉅平侯。羊祜為官，律己甚嚴，不但做事態度小心謹慎，對於機密事務的處理更是一絲不苟。羊祜時常草擬詔令，因此會接觸到第一手的訊息，尤其是人事升遷部分，他在命令或公文未下達前，絕對嚴守分際，絕口不提，相關的草稿更是馬上燒毀、不留痕跡，以免機密流入有心人之手。羊祜處理機密事務從無疏失，不但大大減少無謂的傳言，更減輕君王在執行重要工作或是人事安排的困擾與阻力，因此受到文帝、武帝兩人的賞識與重用。

禍從口出的案例則是春秋時代的鄭國大夫祭仲，他在朝專橫跋扈，當時的君王鄭厲公無法約束管制他，於是找了朝中大臣雍糾計畫謀殺他。雍糾回到家竟向妻子談及暗殺計畫，然而雍糾之妻還是無意間傳揚出去。祭仲獲悉之後，先下手為強，殺了雍糾。事後鄭厲公悲痛地說：「這麼重大的事情，竟然隨便就和婦人商量，難怪會遭來橫禍。」由此可知謹言慎行，嚴守機密，必然受到尊崇與賞識；反之，毫無警覺，口無遮攔必招致災禍。

省力役，薄賦斂，則民富矣；敦禮教，遠罪疾，則民壽矣

名句的誕生

省力役1，薄賦斂2，則民富矣；敦3禮教，遠罪疾，則民壽矣。

～孔子家語．賢君

完全讀懂名句

1.力役：勞力苦役。
2.賦斂：稅賦。
3.敦：督促。

減少人民的勞役工作，減輕稅賦，那麼百姓就富足了。講究禮樂教化，讓百姓遠離罪惡痛苦，那麼百姓就會長壽了。

名句的故事

哀公問有若說：「鬧飢荒的時候，穀物欠收，國家財用不足，該怎麼辦呢？」有若說：「為什麼不收十分之一的田賦的稅呢？」哀公答說：「收十分之二的稅，我都已經覺得不夠用了，怎麼能只收十分之一的稅呢？」有若答說：「百姓富足了，國家怎麼會不富足呢？百姓如果不富足，國家又怎麼會富足呢？」

如果說儒家的「富民」思想只是一種理念的話，那麼，「薄賦斂」就是一種可以實際執行的政策措施。「薄賦斂」是先秦儒家思想們為實現「德治」、「仁政」理想在經濟政策方面的重要主張，也是其財政政策思想的基礎。

孟子論治國之道，首在「富民」。一般而

言，不管古代或現代，只要徭役不要太重，人民不致過勞，不碰上飢荒災厄之年，人民必然富裕。一有餘裕則可以學禮致用。

荀子則說：「不富無以養民情，故家五畝宅，百畝田，務其業而勿奪其時，所以富之也。」荀子重視養民之道，其用意在於使人人之欲必不窮乎物，物必不屈於欲，只要天下富足，則禮治思想之功用即可臻於理想之境，故一切養民之道非依禮義之道行之不可。

橫徵暴斂，竭澤而漁，所以「苛政猛於虎」，這是歷代暴政的通病。孔子「藏富於民」的思想彌足珍貴，他竭力反對政府「與民爭利」，提出「因民之所利而利之」。

先秦儒家能反其道而行，培養稅源，藏富於民，以使國泰民安，實在不失為遠見卓識。而薄斂富民的民本主義也成了儒家經濟思想的一個核心與傳統。

歷久彌新說名句

有一天，孔子路過泰山，途中一處墳墓前見到一位婦人十分哀傷地哭泣。孔子聽到如此哀淒的哭聲，便讓子路上前詢問。婦人回答：「我公公被老虎吃了，丈夫被老虎吃了，現在連我兒子也被老虎吃了。」子路於是問：「那您為什麼不離開這兒呢？」婦人說：「又能走到哪裡呢？到處都是苛政啊！」孔子感慨萬千地說：「千萬記住啊！苛政猛於虎。苛刻的暴政，比老虎還要凶猛可怕啊！」

從孔子所在的春秋時代，至今已經兩千多年了，但是在這世界上，還是常常聽說某些國家存在著苛政，也常常聽到有人甘願冒著生命危險，流離失所，逃離本國，去別的國家當難民。

這些難民寧願在收容國過著貧困的生活，也不願意再回到母國。這不就印證了孔子所說的「苛政猛於虎也」。

良藥苦於口而利於病，忠言逆於耳而利於行

名句的誕生

良藥苦於口而利於病，忠言逆於耳而利於行。湯、武以諤諤[1]而昌，桀、紂以唯唯[2]而亡。君無爭[3]臣，父無爭子，兄無爭弟，士無爭友，無其過者，未之有也。

～孔子家語．六本

完全讀懂名句

1. 諤諤：音ㄜˋ，直言而無所忌諱的樣子。
2. 唯唯：順從的樣子，同「唯唯諾諾」。
3. 爭：同「諍」，規諫之意。

好的藥入口時很苦，卻有利於醫病；誠實懇切的言語不怎麼中聽，但對於改正行為是有幫助的。商湯和周武王因為有直諫之臣而興盛，夏桀和商紂因為有唯諾順從的臣子而滅亡。君王沒有直諫的臣子，父親沒有直諫的兒子，兄長沒有直諫的弟弟，知識份子沒有直諫的朋友，而不會犯下過錯，這是從來都沒聽說的。

名句的故事

這句話說明，適時接納建議，是很重要的。孔子舉了商湯、周武王的例子，用來和夏桀、商紂做對比。湯、武都是歷史上革命成功的君主，他們的共同點在於廣納天下賢士，聽取意見，不以自己的主見當治國綱領。相反的，桀、紂卻常嫉惡臣子的諫言而治其罪。

夏桀在建造酒池時，處死了勸諫此舉的關龍逄；商紂迷戀妲己時，比干因為直諫其喪德

敗俗，而被命令剖心示忠。劉向在《說苑》中說：「桀殺關龍逢而湯得之，紂殺王子比干而武王得之。」這是因為「殺一儆百」的寒蟬效應，使得天下賢士都不敢開口，敢開口的只剩下阿諛逢迎的小人。這對於領導著來說，真是最糟的局面了！

良藥苦口，忠言逆耳；這裡最讓人難以克服的就是「苦口」和「逆耳」。畢竟，諫言不是什麼好聽的話，它全都是衝著我們的過錯來的。這時就需要一點衡量「利」的眼光了！

「利於病」、「利於行」都是在談領受「苦口」和「逆耳」之後的好處；凡事往好處想，當下的苦藥和刺耳忠言，也許就沒那麼難以忍受了！

歷久彌新說名句

這句話本出自於《韓非子》，韓非曰：「夫良藥苦於口，而智者勸而飲之，知其入而已己疾也；忠言拂於耳，而明主聽之，知其可以致功也。」在戰國時，韓國國勢衰微，瀕臨被強國吞併的危境。韓非身為韓國的公子之一，多次向君主勸諫卻不被採納；憤慨失望之餘，把理想抱負化為文字，因而完成《韓非子》一書。其中的篇章意旨，大多是給予君主的建言，「良藥苦口」、「忠言逆耳」，可說是韓非子沉痛的肺腑之言。

歷史上不乏能虛心接受諫言的君王。唐太宗最有名的諫臣，名叫魏徵。據說魏徵一生直諫兩百多次，好幾回都遊走在被皇帝殺頭的邊緣。

據《資治通鑑》記載，魏徵過世後，唐太宗難過得對侍臣說：「人以銅為鏡，可以正衣冠；以古為鏡，可以見興替；以人為鏡，可以知得失。魏徵沒，朕亡一鏡矣！」忠言雖然刺耳，卻是一面可以照鑑過失的明鏡；在接納忠言與對勸諫者發怒之間，考驗的就是君主的度量和修為。其結果卻是國家的興盛或敗亡

善驚以遠害，利食而忘患

名句的誕生

善驚[1]以遠害，利食而忘患，自其心矣，而獨以所從為禍福，故君子慎其所從。以長者之慮，則有全身之階[2]；隨小者之戇[3]，而有危亡之敗也。

～孔子家語．六本

完全讀懂名句

1. 善驚：易受驚醒察覺。
2. 全身之階：階，路徑、方法；此句意即保全身家性命的途徑。
3. 戇：音ㄓㄨㄤˋ，愚昧、過於急躁剛直。

容易驚覺就能遠離災害，貪圖食物就會忘了禍患，這些都是由心裡的想法所決定的，並且以其選擇追隨之物，而導致招禍或招福；所以，君子要謹慎選擇他所追隨的對象。跟從年長成熟者的謀慮，就有保全身家性命之道；跟隨不成熟者的愚昧莽撞，就會有危險傾亡的失敗。

名句的故事

孔子看到捕鳥人的網子裡都是雛鳥，便好奇詢問：「為什麼都抓不到大隻的雀鳥呢？」捕鳥人回答：「成年的大雀鳥警覺性好，不容易抓；雛鳥貪食，警覺性又差，所以容易抓到。不過，要是雛鳥跟著大雀鳥，那麼雛鳥也不容易抓；若是大雀鳥尾隨在雛鳥後頭，那大雀鳥就更不容易抓到。」

孔子聽了這番話，就轉身對弟子們機會教

育，他宣說「善驚以遠害，利食而忘患」的道理。俗語云「鳥為食亡」，這話類推到人身上，警示著人們切莫為了眼前的近利，而賠上了更寶貴的東西。倘若我們的眼光還不成熟，對情勢的判斷難以拿捏；這時最起碼要懂得選擇跟隨的對象。

就像跟隨著大雀鳥的雛鳥，即使警覺性差、經驗不足，然而只要一看到大雀鳥驚慌飛散，就馬上知道跟著飛逃，這樣牠也不會遭遇羅網之禍。若雛鳥跟隨著一樣貪食、警覺性又差的其他雛鳥，當捕鳥人的網子灑下時，牠們就無法倖免於難了。這就是要「慎其所從」的重要性。

歷久彌新說名句

《左傳・襄公二十八年》曰：「君子有遠慮，小人從邇。」有些人看到事情的一點徵兆，就能推斷日後的禍福；而有些人則相反，他們老是注意擺在眼前的事物。「遠慮」就是保持警醒、思考周密，而「從邇」指的正是見利而忘患。

在春秋時期，晉獻公曾向虞國公借道以攻打虢國，晉獻公暗地裡打的主意是消滅虢國之後，在回程時順便消滅虞國。為了達成目的，晉國刻意獻上稀世寶馬和璧玉給虞國君主。此舉為虞國大夫宮之奇所識破，宮之奇向國君力諫應退還寶物，拒絕晉國借道的請求。無奈虞公貪戀於寶物的珍稀，還是答應了晉國。

最終，果然不出宮之奇所料，當晉軍消滅虢之後，藉由借道駐紮於虞國之便，發起突襲，輕易俘虜虞國公，吞併了這個「愚」國。

這就是貪圖近利，又不聽從思慮周詳的賢者之諫言的下場。漢代《鹽鐵論・毀學》曰：「今之在位者，見利不虞害，貪得不顧恥，以利易身，以財易死。」這是「火力」十足的批判了！

一人貪近利，遭致一人的災禍；一家之主貪近利，遭致一家的災禍；在上位的人若也貪近利，那招來的就是百千萬人的災禍。孔子說：「人無遠慮，必有近憂。」正是如此。

孔子家語

君子以行言，小人以舌言

100

小棰則待過，大杖則逃走

名句的誕生

昔瞽瞍[1]有子曰舜，舜之事瞽瞍，欲使之，未嘗不在於側；索而殺之，未嘗可得。小棰[2]則待過，大杖則逃走，故瞽瞍不犯不父之罪，而舜不失烝烝[3]之孝。

～孔子家語．六本

完全讀懂名句

1. 瞽瞍：音ㄍㄨˇ ㄙㄡˇ，舜的父親。原意為雙眼瞎盲的人。
2. 小棰：細小的棍棒。
3. 烝烝：德性淳美豐厚的樣子。

從前瞽瞍有個兒子，名叫做舜。舜侍奉瞽瞍時，若是父親有事使喚，舜沒有一次是不在他身旁的；若是要喚他來殺害，就沒有一次能找得到舜。父親拿起小棍子時，舜就等待懲罰；當父親拿起大棍棒時，他就逃跑。所以，瞽瞍不曾犯下為父不仁的罪過，舜也未失淳善孝順之名。

名句的故事

這段話出自於孔子對曾參的教誨。一日，曾參在瓜園裡除草，不小心鋤斷了瓜根。父親勃然大怒，拿起大杖就往曾參的背打下去，把他打暈了。甦醒後對父親說：「剛剛是我錯了，父親用了那麼大的力氣責罰我，希望不要損及您的健康才好。」曾參回到自己的房間，還特意鼓琴歌唱，讓父親知道他身體無恙。

孔子聽到這件事後，發了脾氣告訴學生

說：「曾參若是到了，不要讓他進來！」曾參感到納悶，請人去請教原因；孔子於是說了這段舜與瞽瞍的故事。用意是告訴曾參，一昧承受父親的杖責，算是孝順。若父親在盛怒之下，失手打死了他；那曾參就是陷父親於不義、不慈，還犯了殺人大罪。倘若這種事真的發生了，做兒子的難道不用負起不孝的責任嗎？因此「小棰則待過，大杖則逃走」，即使不怕挨揍，心甘情願接受責罰，得看情況，懂得隨時變通。

歷久彌新說名句

「小棰則待過，大杖則逃走」一句亦作「小杖則受，大杖則走」。《後漢書．崔駰列傳》裡也有一則相關的故事。

東漢靈帝時，官僚腐敗，買賣官位的風氣盛行。漢代文士崔駰的後代崔烈，由親人代為繳納五百萬錢，得以官拜司徒。皇帝聽到這個傳聞後，就對侍者說：「我怎麼沒開他一個小玩笑，說那官位應該收他千萬！」後來，消息傳開，崔烈感覺很沒面子，心裡不安，就問兒子崔鈞說：「我現在位居司徒，外面的人都是怎麼議論我的？」崔鈞回答：「父親從前當小官時，功績卓著，口碑在外，大家都認為您將來會位居三公。現在，您勝任司徒了，大家卻感到失望啊！」崔烈問：「為什麼要失望？」崔鈞直言：「大家都說您一身銅臭味呢！」

崔烈頓時大怒，舉起手杖打兒子。崔鈞穿著武官朝服，戴著鶡羽冠，但見父親一杖就要打下，也顧不得體統，拔腿就跑。崔烈見狀大罵：「還沒打你就逃走，這樣還算孝順嗎？」崔鈞不服氣的說：「舜侍奉父親時『小杖則受，大杖則走』，這才不是不孝呢！」崔烈心感慚愧，氣也消了大半。

默默接受父母的責打不能算是孝順。人在氣頭上時，下手不免較重，萬一打傷孩子，父母事後傷心自責，還得忍受他人的議論。因此，孔子反對「愚孝」。與其挨打，不如先逃走，等氣消再慢慢溝通，才是最明智的方式。

見人之一善，而忘其百非

名句的誕生

夫子見人之一善，而忘其百非，是夫子之易事[1]也；見人之有善，若己有之，是夫子之不爭也；聞善必躬行之，然後導之，是夫子之能勞也。

～孔子家語．六本

完全讀懂名句

1. 易事：很好相處，容易侍奉。

夫子見人做了一件善事，就忘記了此人犯過的一百種錯誤，這是夫子容易侍奉之處；看到人有優點，就像自己有的一樣，這是夫子不與人競爭比較之處；聽到善行善事，就一定會親身去實踐，然後教導別人如何去實行，這是夫子勤勞之處。

名句的故事

孔子和學生閒談時，品評了顏回和衛國大夫史鰌。他說：「顏回有四種君子的品德：他努力做好份內的事、謙虛接受別人的批評、戒慎恐懼地看待國家給他的俸錄和職位，而且謹慎於自己的修養。史鰌這個人則有三種大丈夫的品格：他不做官，但對上位者很恭敬；他不祭祀天神，但能崇敬祖先；他個性正直，但待人卻很委婉。」

曾參聽了這番話，帶著反省意味說：「我常見聞老師有這三種言行，自己卻一直做不到。」這三種言行就是「見人一善，忘其百非」、「見人有善，若己有之」、「聞善必躬行，然後導之」。

曾參在孔門中是位很能自省的學生，他有句名言是「吾日三省吾身」。正因如此，曾參擅長發現別人的優點。要「思齊」之前，總是要先「見賢」；他真切看見了孔子的三種善行，就表示他要達到孔子修身的境界，也不是不可能之事。

歷久彌新說名句

「見人之一善，而忘其百非」講的既是寬恕的胸懷，也是一種隱惡揚善的處世態度。這句話延伸之意就是不要記惡忘善，要記善忘惡。

漢宣帝的大臣劉向，在上疏建請犒賞平定康居國的將軍和士兵時，曾舉了李廣利的例子。漢武帝派李廣利出兵西域時，讓他領了五萬人馬、上萬的銀兩，如此花費四年，竟然只拿下大宛國王的首級，擄獲駿馬三十匹。

李廣利耗費的時間、人力、金錢，與他的表現成績不成正比。但漢武帝念在他萬里征伐，所以不計其過，反而給他加官進爵。

劉向於是下結論說：「論大功者不錄小過，舉大美者不疵細瑕。」這是從穩定軍心的角度，指出將領的功過不能像記帳，錙銖必較。若他立了功，就不要計較他犯的小過錯，這樣軍心才能凝聚，提高戰鬥士氣。

唐太宗在他親筆寫的《帝範・審官第四》中說：「故良匠無棄材，明主無棄士。不以一惡忘其善；勿以小瑕掩其功。」同樣我們也可以說「君子無棄人」。

不論是治國也好，修身也好，念人之善而不計舊惡，這樣處世的道理都是非常受用的。

與善人居，如入芝蘭之室，久而不聞其香

名句的誕生

與善人居，如入芝蘭之室，久而不聞其香，即與之化矣。與不善人居，如入鮑魚之肆1，久而不聞其臭，亦與之化矣。

～孔子家語．六本

完全讀懂名句

1. 鮑魚之肆：肆，指店鋪；販售醃製魚類的店鋪，比喻汙穢之所。

與德性美善的人同在，就像走進了有著香花香草的屋子，時間一久就聞不到芳香，這是因為已和這芳香同化了。與品行不良的人同在，就像走進了醃製鮑魚的店鋪，時間一久也聞不到臭味了，這也是與其同化的緣故。

名句的故事

某日，孔子對曾子說：「我死了之後，子夏會越來越精進，但子貢會每況愈下。」曾子問：「這是什麼緣故呢？」孔子回答：「子夏喜歡和比自己賢能的人相處，子貢卻喜歡和不如自己的人相處。」

古人說「物以類聚」。因此，想瞭解一個人的賢與不賢，最快的方法，就是觀察他的朋友群。人的德性會被所處的環境、接觸的人事物所影響、養成某種特質；孔子於是說，與賢能的人相處就像入芝蘭之室，久而不聞其香；反之，與不善的人相處，就像入鮑魚之肆，久而不聞其臭。

歷久彌新說名句

「芝蘭之室」亦作「蘭芷之室」，都是指有芳香花草的屋子。從《詩經》、《楚辭》開始，古人就常把香花芳草比喻為有美盛德的君子。

東方朔〈七諫〉云：「聯蕙芷以為佩兮，過鮑肆而失香。」表面上意思是作為佩飾的蘭芷，在路經賣醃魚的店鋪時，就喪失了芳香。實際上這是隱喻，暗指賢臣遭小人排擠，使其德性之芬芳被汙臭遮蔽了。

《大戴禮記．曾子疾病》曰：「與君子游，如長日加益，而不自知也；與小人游，如履薄冰，每履而下，幾何而不陷乎哉？」這段是「與善人居，如入芝蘭之室」的申論，談的也是潛移默化的巨大力量。

和正人君子往來的好處，是一天一點自然累積的，令人幾乎渾然不察；和邪僻小人來往的壞處，就像踩在薄冰上，越走越危險，越走越慢慢往下陷。因為這兩者的影響都需要時間來證明，所以一開始的是非分判和選擇，就顯得非常重要。

《荀子．勸學》曰：「蘭槐之根是為芷，其漸之滫，君子不近，庶人不服。其質非不美也，所漸者然也。」「滫」即汙臭的水，蘭芷的本質是芳美之物，卻因為每天浸泡吸收汙水，而人見人嫌。

慣性的影響會在不知不覺中，使美變得不美，實在不得不謹慎看待。

舟非水不行，水入舟則沒

名句的誕生

舟非水不行，水入舟則沒；君非民不治，民犯上則傾[1]。是故君子不可不嚴也，小人不可不整一[2]也。

~孔子家語．六本

完全讀懂名句

1. 傾：翻覆、傾亡。
2. 整一：整齊、統一。

船沒有水就無法行進，但水進入船內就會導致沉沒；君王要是沒有百姓就無治理可言，但百姓若干犯君王，國家就會傾覆。所以在上位者不能沒有合宜的紀律，而百姓不能不一致服從紀律。

名句的故事

這段話談的是統治原理。這世上若沒有水，船也就沒有存在的必要；但水若是灌進船裡，船又會因此而沉沒。所以，船和水保持著微妙的關係，就好像國君和百姓也保持著某種平衡關係一樣。

要使君民之間的關係穩定、治道暢行無阻，孔子認為「君子不可不嚴」。嚴，不是嚴刑峻法，而是遵行禮。

《禮記．經解》引孔子的話說：「安上治民，莫善於禮。」在儒家的觀念，禮就是能使社會和諧的規範與方法。上至祭祀敬祖、君臣有序，下至父慈子孝，兄友弟恭；這些都是欲使人們能安於其位，互相敬讓，做好份內的事。

民眾是一股廣大的力量，這力量若是能疏導、調理之，那國家就能安定興盛；相反的，領導人若讓這股力量與自己相對抗，那麼最終後輸的一方必定不會是人民。

「舟非水不行，水入舟則沒」可以看成是儒家重視民本，不敢輕忽百姓力量的表現。

歷久彌新說名句

《荀子》裡記載了一則魯哀公與孔子的對話。

某日，魯哀公對孔子說：「我從小生長在王宮裡，在嬪妃女侍的照顧下長大，實在不懂得什麼是哀傷，什麼是憂慮，什麼是勞苦，什麼又是危險！」

孔子半謙讓、半調侃的說：「您所問的是君王才會問的事情呢！我只是一介小民，怎麼能體會呢？」

魯哀公說：「除了您，還有誰能無所不知呢？」

孔子告訴魯哀公，即使平日看的、聽的、用的都只侷限在王宮裡，只要細心觀察，就能清楚明白哀、慮、勞、危是什麼感覺了。然而，作為一國之君，最需要觀察的對象就是平民百姓。

孔子於是說：「且丘聞之，君者，舟也；庶人者，水也。水則載舟，水則覆舟，君以此思危，則危將焉而不至矣？」孔子以水比喻百姓，舟比喻國君；示意國君要居高位而思危顛，眼光要放在民間。如果能這樣想，豈還會有不知道危險是什麼的道理呢？

「舟非水不行，水入舟則沒」，後世也有人寫成「水能載舟，亦能覆舟」，都是用來比喻事物處理得當則有利，處理不當則失利。在水載舟與水覆舟之間，可怕的不是水，航行方法是正確還是錯誤，這才是關鍵！

達于情性之理，通於物類之變

名句的誕生

達于情性之理，通於物類之變，知幽明[1]之故，睹游氣[2]之原，若此可謂成人[3]矣。

～孔子家語・顏回

完全讀懂名句

1. 幽明：指一切有形和無形、可見和不可見之物事。
2. 游氣：周遊在宇宙中的各種氣。
3. 成人：完人的意思，指才德兼備的人。

通曉人的情感與本性之道理，融通於各種事物的變化，知道一切有形和無形之事的緣故，能明察那些游動於天地之間的氣之發源；如此就可以稱之為完人。

名句的故事

這段話出自於孔子對顏回的回答。顏回問孔子說：「成人的德行是什麼樣子的呢？」孔子首先說明什麼是成人，然後才解釋什麼是成人的德行。

儒家的「成人」不是指成年人，它是用來稱呼才德修為達到接近完備境界的人，也稱之為完人。文中提到的達理、通變、知故、睹原，都是屬於感知與分辨事物的能力。

簡言之，就是能通達人情與物情，並且瞭解箇中變化的道理；能夠知道世間一切現象的因果、理則；甚至連難以捉摸的氣，也能觀察出它的發生原因。孔子認為，能具備這樣的感知和思考能力，就算是個成人了。

孔子再說明何謂成人的德行。「既能成人，而又加之以仁義禮樂，成人之行也。」意即具備成人的感知和思考能力後，若還能有仁、義、禮、樂的體認與實踐，就是所謂的「成人之行」。

孔子在談道德修養時，不是死板教條式的要求。孔子所要求的仁、義、禮、樂等觀念，都建立在通情達理、知曉通變的基礎上，特別講求隨情境靈活應用，以及平日的身體力行。由此可見，儒學確是一門「活的學問」。

歷久彌新說名句

「達于情性之理，通於物類之變」前句指瞭解人的內在心理，後句是瞭解外在事物的運行與變化規律。《史書．律書》言：「喜則愛心生，怒則毒螫加，情性之理也。」情性的簡易解釋，即人的「好惡喜怒之氣」。瞭解人為什麼會高興或憤怒，又要如何才能保持心境平衡，看似容易卻很難做到此境界。

宇宙運行，萬物也不斷變化。一年四季循環變化，人也有生老病死的生命變化；凡此變化都是宇宙整體運行的一部份。古人將此稱之為「天道」。知曉天道，就是藉由觀察萬物的生息，而瞭解其中的運行法則。

於內能瞭解人的性情，於外能體察天道之律則，這就是「明」。《詩經．毛詩序》云：「國史明乎得失之跡，傷人倫之廢，哀刑政之苛，吟詠情性，以風其上，達於事變，而懷其舊俗者也。」國史在周朝時代是專門採集民間歌謠的官職，這類人深入民間，依據現在而言，就是專門查訪百姓的快樂和痛苦指數。

百姓因德政而安居樂業，因暴政而流離失所。身為國史的人要能通達人情、體察事端造生的原因，並藉由詩歌轉呈給在上位者聆聽，這就是國史的任務。

「通情達理、明察事變」是古代不言而自明的文人傳統。直到今日，大家也普遍認同這是待人處世的基本原則，文化對於後世子孫的影響可見一斑。

為己不重，為人不輕

名句的誕生

愛近仁，度1近智，為己不重，為人不輕，君子也夫！

～孔子家語．顏回

完全讀懂名句

1.度：思度、思量。

泛愛眾就接近仁，勤思量就接近智，為自己打算的心思不要太重，為他人著想的心思不要太輕，這樣就算是君子了！

名句的故事

顏回請教孔子，「君子」是什麼呢？孔子便以「愛近仁，度近智，為己不重，為人不輕」作為回答。顏回又問：「冒昧再請教老師，關於『君子』還有什麼次要方面需要理解嗎？」孔子回答：「『君子』不是憑藉學習就能夠實行，不是通過思考，就能完全掌握。年輕人，好好努力吧！」

在健全人格的養成過程，孔子一向都很注重後天教育。他對顏回說的這段話，看似否定了學習和思考之於君子養成的必要性，然而實際上，這是一種表述策略，目的在於使人注意到自己天生的美好品質。君子養成的種種訓練，都是為了使這美好的天性能開發而具顯。

仁愛、智慮、輕己而重人，不只是外在行為的表現而已，這些都是修養的功夫。通過這些自我要求，漸次實踐而達到君子。

君子與成人（完人）不同，它是儒家要求

的基本品德修為狀態。先達到君子，之後才能談成人；顏回提出了這個問題，可謂具有次第分判之意。

歷久彌新說名句

「為己不重，為人不輕」即凡事不把自己的利益當成第一位，而多多為他人的利益著想，這是「我為人人」的寬恕之道。然而，俗語也說：「人不為己，天誅地滅」。

「為己」幾乎是一種生物的生存本能，它不見得都是邪惡的思維；但在社會中，人若只是自私為己，就容易遇到因小失大的問題。這問題小可以使個人喪失信譽，大則會動搖國家社稷；因此儒家才極力倡導為人不為己的觀念。

《呂氏春秋．遇合》記載了一則故事。有戶人家要嫁女兒，旁人告訴那家的父母說：「女人嫁到夫家後，不見得能順利生子。平時可將衣物細軟私藏幾樣起來，萬一真的不能生，被夫家休離，也好有個預備。」父母聽了，覺得有道理，就如此這般吩咐女兒。後來，私藏物品的事被婆婆知道了，她生氣的說：「身為我家的媳婦，竟然還有這種外心！」就休離這個聽信父母親教導的女兒。

於是《呂氏春秋．遇合》則說：「婦之父母，以謂為己謀者以為忠，終身善之，亦不知所以然矣。宗廟之滅，天下之失，亦由此矣。」意思是，人經常把為自己所考量或建議當作「忠言」，遵循不悖。這些似是而非的話，都是對準人性的弱點而發，因此聽起來特別順耳，然而往往就是這樣，便埋下禍因。若要將「人人自掃門前雪」的社會與「我為人人，人人為我」的社會相比較，當然是後者顯得溫馨、可愛多了！

君子以行言，小人以舌言

名句的誕生

君子以行言，小人以舌言。故君子於為義之上，相疾[1]也，退而相愛；小人於為亂之上，相愛也，退而相惡[2]。

～孔子家語·顏回

完全讀懂名句

1. 相疾：互相挑毛病。
2. 相恨：互相憎恨。

君子以實際行動來說話，小人只用口舌來說話。所以有道德修養的君子在合理的立場上，互相勸諫，但事後還是可以非常親近；小人在為亂的立場上，互相親密往來，但事後卻互相憎恨。

名句的故事

顏回打算從「言行」這個主題，將君子與小人的分野問個清楚。顏回請教孔子：「小人的言語有什麼共同特徵是君子不能不明查的？」

孔子首先指出，君子和小人最大的差異在於：君子以躬親實踐代替言語，而小人經常只是逞口舌之快。其次，君子待人處世的立場與出發點是義，君子之間會出現互相直言指證對方毛病的情況，但都是就事論事，故而君子間的情誼不會因此而衰減。

小人則正好相反，他們之間的相處，看似隨和、沒有太多原則，一下子就能彼此親暱交往；但往往會在背後不留情的批評對方。

孔子一向都倡導以身體力行各種為人處世的道理，而少用空談的方式去複述宣說。《論語．憲問》曰：「君子恥其言而過其行。」意即做幾分事就說幾分話，一個人的言談要有他的行止和體驗作背書，說出來的話才有信義可言。這和「君子以行言」所指的道理一樣。

歷久彌新說名句

《左傳》提到世間有三不朽：「大上有立德，其次有立功，其次有立言。」此中，「立言」是擺在最後。

孔子在年輕時，周遊列國，尋求施展抱負的機會，最末退而著書立說，這也是最終的不得已之作為。立德、立功這些屬於具體實踐的價值，在孔子看來，遠高於立言。

從另一個角度來解讀，「君子以行言，小人以舌言」的確是指一種人格特質的分辨方式：君子寡言，因為他善於實際行動而不善於訴說；小人多言，因為他善於訴說而疏於實際行動。

《世說新語》有一則「觀人以言」的故事。謝安是東晉著名的文士，一日，他接見了王氏家族的兄弟三人。其中，子猷和子重不但話多，且說了不少日常生活裡的雜事；而年紀最小的子敬，則只是禮貌的寒暄而已。

當這三個年輕人離開後，賓客問謝安：「這三兄弟，誰比較優秀呢？」

謝安說：「年幼的那位最好。」賓客追問何以得知？

謝安便回答：「『吉人之辭寡，躁人之辭多』，用這道理去推論，不就知道了嗎？」

「吉人之辭寡，躁人之辭多」出自《易經．繫辭》。在善於觀人的行家看來，人的言行就是得以判斷其品德、資質的線索。這正是話多不如話少，話少不如勤勞來得好呢！

言人之惡，非所以美己；言人之枉，非所以正己

名句的誕生

吾聞知諸孔子曰：「言人之惡，非所以美己[1]；言人之枉[2]，非所以正己。」故君子攻其惡，無攻人之惡。

～孔子家語．顏回

完全讀懂名句

1.美己：提升自己，使自己更美好。

2.枉：曲而不正，引申為偏頗、錯誤。

我曾聽孔夫子這麼說：「說他人的缺點，沒有辦法使自己更完美；說他人的過錯，也沒辦法使自己行為更端正。」所以君子只會批評自己的缺失，但不會指責別人的錯誤。

名句的故事

魯國大臣叔孫武叔前去拜會顏回，在談話當中，叔孫武叔不斷提到別人的過錯，並且加以評論。顏回聽了一會兒後，便直接告訴他，依據孔子的教誨可知，貶損別人並不能提升自己，指責別人也無法因此端正自己；所以君子只會在自己的過錯上著力，而不窮追猛打他人的過失。

人們在批評他人的過錯時，會感受到一股「使導正」的力量，進而產生自己是站在正義一方的認知。孔子想必是察覺到了這點，才說「非所以美己」、「非所以正己」。要美己、正己，還是得將批評的眼光拉回到自己身上才行。

這則記載是《孔子家語．顏回》中討論朋友關係的部份。起先是顏回問孔子，朋友之間該如何相處？孔子說，要多看到對方美好的那一面，而不要一直惦記著彼此的過節。

中段是叔孫武叔見顏回的故事。末段顏回引孔子之言表示：「身不用德，而望德於人，亂也。」意即希望別人對自己好，就要從自己對別人好，開始做起。

簡言之，內省自身而少說他人之惡，此即朋友相處之道。

歷久彌新說名句

《說苑．政理》曰：「言人之善者，有所得而無所傷也；言人之惡者，無所得而有所傷也。」在此所指的「有所得」與「無所得」之間，就是自己的心境與修養。

能夠看到別人的優點，並且稱讚之，就表示自己的目光所及之處，見到的都是美與善；心境和修為自然能夠順勢增上。相反的，若只看到別人的缺點，還不斷撻伐，那就表示此人的眼界充滿缺陷與缺失，心境和修為也就難以提升。

與故事中的叔孫武叔不太相同，子路最喜歡聽到別人說自己的過失。

《孟子．公孫丑》云：「子路，人告之以有過則喜，禹聞善言則拜。」這是提到子路不喜歡聽到別人只對他說好話，倒是喜歡聽到對他的批評；而他一向又以勇於改過而備受夫子的誇獎。

孟子褒揚子路，將子路與聽聞別人說向善正念之話就欣喜作揖的大禹並列。孟子這是對子路很高的推崇。

就像運動選手一樣，他們總希望教練能不斷指正自己的動作姿態，「聞過而喜」，如此才能百尺竿頭更進一步。

弘一大師曾說：「喜聞人過，不若喜聞己過。樂道己善，何如樂道人善？」這也算是把「美己」、「正己」的法子作進一步的指點了。

人君而無諫臣則失正，士而無教友則失聽

名句的誕生

夫人君而無諫臣則失正，士而無教友[1]則失聽。御狂馬不釋策[2]，操弓不反檠[3]。

～孔子家語．子路初見

完全讀懂名句

1. 教友：能給予正向觀念的朋友。
2. 釋策：捨去馬鞭。
3. 反檠：檠，調整弓箭準頭的器具。意即在正弓器具上反覆調整、測試。

君主若沒有能直言規勸的臣子就會失去公正的行止，士人若沒有能勸導向善的朋友就會失去聽見忠告的機會。要駕馭狂野不羈的馬匹，就不能丟棄鞭子；要操作弓箭，就不能不在正弓器具上反覆調整。

名句的故事

某日，子路前去拜見孔夫子。

孔子開口問：「你愛好的是什麼？」

子路說：「我喜歡長劍！」

孔子說：「我不是要問這方面的啊！我只是說以你的才能，再加上學問，不就沒人趕得上你了？」

子路一時沒聽懂，又問：「學問難道有什麼幫助嗎？」

孔子於是說：「君主需要諫臣，士人則需要能給忠告的朋友；駕馭野馬需要鞭子，射箭則需要反檠。如果我們能好學又善問，那還有什麼是不能順利成就的呢？」

子路剛成為孔子的學生時，還是一個粗率的武夫，思考事情都是直來直往。所以，當孔子問「汝何好樂」，他不假思索的回答「好長劍」；但孔子其實想問的是：你覺得目前該擺在第一位的喜好是什麼呢？難道不是好學嗎？

好學和好長劍並不衝突，但「練功」的方法不太一樣。學習這件事，不但要能聽得進勸告，還要能夠善於發問。既學又發問，既聽又改正，這就是學問之道。

孔子對子路可謂循循善誘，直欲將這質樸的學生，教導成為文質彬彬的君子。

歷久彌新說名句

孔子定義了三種益友、三種損友。《論語．季氏》提到：「友直，友諒，友多聞，益矣。友便辟，友善柔，友便佞，損矣。」正直、待人寬厚、見多識廣的朋友，就是益友；而善於迎合、過度優柔、愛說好聽話的朋友，就是損友。

在這一益一損之間，孔子說的不全然是道德問題。孔子的意思是，「益友」具有某種既直率敢言，又能寬宏大量的品質；和這樣的人相處，我們的缺點不會被姑息看待，而這些朋友們的獨特風格，也能使與之交往者廣受益、開眼界。這就是所謂的「教友」了！

漢桓帝的大臣爰延曾上書說「夫愛之則不覺其過，惡之則不知其善」、「善人同處，則日聞嘉訓；惡人從游，則日生邪情」。這是強調諫臣與良友之於在上位者的重要性。

說話耿直的人，容易招人嫌惡；偏偏作為領導者，最需要的就是這種「苦口良藥」，而不是「可口糖果」。歷史上因為不聽勸諫而吃大虧的例子，比比皆是；無怪乎孔夫子要將這知易難行的道理，用不同的方式，一遍又一遍的提醒宣說。

木受繩則直，人受諫則聖

名句的誕生

木受繩則直，人受諫則聖，受學重問[1]，孰不順哉？毀仁惡仕[2]，必近於刑。君子不可不學。

～孔子家語．子路初見

完全讀懂名句

1.重問：注重發問。
2.惡仕：厭惡長官。

木材使用繩墨校正之後就能筆直，人接納勸諫之後就可使自己品德高尚，受了教育又勤於發問，哪還會有不順利的呢？毀謗仁者，憎惡長官，就必定離牢獄刑罰不遠。所以君子不可不勤於學習啊！

名句的故事

在這段話中，孔子繼續開導子路，為何應當要好學。子路當官時，曾提拔子羔出任費縣首長。孔子知道之後很不贊同，大概是子羔的學習歷練還不足的緣故。子路不服氣說：「有民人焉，有社稷焉，何必讀書，然後為學？」這是說，百姓、社稷不就在那裡，我們認真的行政便是，何必一定要讀那麼多書、學那麼多事呢？孔子就斥責說：「是故惡夫佞者！」這是罵子路太強詞奪理了。

因為子路有這樣的「非學」背景，孔子自然要加強輔導。在古代，讀書學習的目的和現代不同。現代教育側重於培育專業人才，古代教育注重於以六藝培養才德兼備的君子。換句話說，學習的過程與君子的養成息息相關，不可能如子路所想的那樣可有可無。

一塊材質再好的木頭，若沒有好好測量、切割，它就無法變成筆直的木板，供人蓋屋或製作家具。一個資質再好的人，如果不時常接受他人的勸諫、教導，他的精神層面就沒有成長的可能性。

因此，孔子說「君子不可不學」，學習這件事，既是求知，也是鍛鍊自己的人格品行！

歷久彌新說名句

《荀子．勸學》曰：「學不可以已！青，取之於藍，而青於藍；冰，水為之，而寒於水。」意即學習是不可以停止的啊！青色本取自藍色，但它更勝於藍；這是因為經過焠煉提取的緣故。冰是水做成的，但比水更寒；這是因為經過了冷凍凝結的過程。所以，凡事物要比它所出之處更上層樓，就必需多一道手續、多下一點工夫。「木受繩則直，金就礪則利」，這就是為什麼人必須要學習的道理。

在《藝文類聚》的記載中，有一則故事。衛靈公好聲色犬馬，他居住的是豪華樓臺，隨侍的宮女多至百人。宮女們身上穿戴的飾物光耀逼人，並以上好絲料做成的衣服，因此看起來飄逸動人，十分奢華貴氣。有個叫仲叔敖的人忍不住勸諫說：「如今邊境有戰事，強國又對我們虎視眈眈，百姓的日子也不太好過；大王您侍女們的陣仗，會不會太過了？」衛靈公聽了之後說：「你這麼說倒是沒錯！你要是不提醒我，社稷說不定就有危險了！」於是，他從善如流，馬上裁撤宮女的人數。衛國的百姓知道這件事情後，莫不歡欣鼓舞。

故事中的衛靈公不但能聽諫言，還知過能改；他的舉動立刻獲得百姓的支持，我們相信，他的民調的施政滿意度必然上升不少！人非天生聖人，一定有犯錯的時候；但「人受諫則聖」，這就是學習真諦了。

以容取人，則失之子羽；以辭取人，則失之宰予

名句的誕生

里語云：「相馬以輿1，相士以居2」，弗可廢矣。以容取人，則失之子羽；以辭取人，則失之宰予。

～孔子家語．子路初見

完全讀懂名句

1. 輿：車子。
2. 居：居處行止的常態，即平日的言行舉止。

俗話說：「觀馬之優劣，就看牠拉車的表現；觀察人的賢愚，就看他日常的言行舉止。」這句話是不可拋捨的啊！以容貌評判人，就會錯用像子羽這樣的人；以言語評判人，就會錯用像宰予這樣的人。

名句的故事

這是一則有爭議的典故。《孔子家語》的記載，與《韓非子》、《說苑》皆認為「澹臺子羽有君子之容，而行不勝其貌」、「宰我有文雅之辭，而智不充其辯」。「君子之容」是指人的相貌堂堂，溫婉儒雅；「文雅之辭」則是指出口成章，辯才無礙。照這樣來看，「以容取人，則失之子羽」意即只憑相貌的一表人才來作評斷的話，就會誤用了像子羽這樣的人；「以辭取人，則失之宰予」即若是被流利的口才所吸引，就會誤用了像宰我這樣的人。

然而《史記》對此有不同的解讀。書中說子羽「狀貌甚惡，欲事孔子，孔子以為材薄」，但他跟隨孔子學習後，卻能表現出做事

不取捷徑，不熱中名利經營的君子態度。待其回鄉之後，甚至有三百弟子願意隨侍。孔子後來便說：「吾以言取人，失之宰予；以貌取人，失之子羽。」意思就是他本以為子羽其貌不揚，人品也不會也太好，如今看來，卻是他一時不察，錯估了學生的才德。

到底《孔子家語》與《史記》的記載孰是孰非，在今日都很難精確定奪；但這無礙於對此名句的理解。不以容取人、不以辭取人都是在告訴我們這件事：只憑一時看到和聽到的表象去評判一個人的優劣，絕對是有盲點的！

歷久彌新說名句

司馬相如是漢代著名的賦家，如此精於文字藝術的人，《史記．司馬相如列傳》上卻說：「相如口吃而善著書。」可以想見，當世之人若以口語表達能力去評斷相如，就難免失之於「以辭取人」。

漢高組劉邦在打天下時，他的謀臣張良可謂運籌帷幄，神機妙算，每每能較敵方先著一招勝棋。如此奇才，究竟天生相貌如何？太史公在《史書．留侯世家》中說：「余以為其人計魁梧奇偉，至見其圖，狀貌如婦人好女。蓋孔子曰：『以貌取人，失之子羽。』留侯亦云。」留侯是張良受封的爵位。即使是太史公，在聽說張良的功績後，也不免想像此人應是氣宇軒昂的模樣；直到見著張良的畫像後，才發覺他的容貌竟然狀似女子。

清代梁紹壬《兩般秋雨庵隨筆》云：「人之形貌，由於天賦。晏子不滿七尺，而為齊相；裴公不滿七尺，而為唐相，夫何害焉？」古人對於身形矮小的男子率多譏嘲，但春秋時代的晏嬰、唐代的裴度，這兩位留名青史的宰相，卻都個子不高。一個人的品德才幹，並不必然與其相貌之美惡成正比；能言善道的人，他的智慧也不見得與其嘴上功夫成正比。要觀察一個人的善惡優劣，還是得從日常行為著眼，才能得到較客觀的判斷。

君子長人之才，小人抑人而取勝

名句的誕生

君子以其所不能畏人[1]，小人以其所不能不信人[2]。故君子長人之才，小人抑人[3]而取勝焉。

～孔子家語．子路初見

完全讀懂名句

1.畏人：信服於別人。
2.不信人：猜忌、不信任他人。
3.抑人：壓抑人才。

君子在自己能力有所不足之處，就能夠欣賞、信服於他人；小人則在他自己能力有所不足之處，就開始懷疑、猜忌他人。所以，君子能助長、任用他人的長才；小人則以壓制別人的才能而替自己取得優勢。

名句的故事

孔子在談君子的觀念時，他的預設讀者是「士」以上的階層，這些人不見得都是貴族，而較像今日所說的知識份子。換言之，他們都是汲汲於學習，並且日後很有可能成為導師或參與政治的人。故而君子的種種培德修身論，都不是為了獨善其身。

學習與修養的終極目的，是為了實現淑世的理想。看來像是約束個人品德的教誨，實際上都隱含著對社會與百姓的責任感。

比如「君子長人之才」一語，之於個人修養而言，就是多看見別人的優點，並且誠心的讚賞、推薦之。這樣的教誨應用到領導者的角色時，就成了對於選賢舉能之眼光與肚量的要求。在上位的人要懂得多方發現賢能之人的長處，並且任用之，如此才能使得政務通暢、國家興盛。

《論語．顏淵》云：「君子成人之美。」意即君子善於成全他人施展其長才。當一個人能夠欣賞別人所擁有、自己卻沒有的優點時，這就是一種寬闊胸襟的表現。

歷史上有能用賢人，而成就霸業的君主；也有猜忌文武朝臣、處處抑制其作為，而導致國家衰亂的君主。君子長人之才而不抑止，這之於修身、之於治國都是很實用的提醒。

歷久彌新說名句

這句話能引伸的觀念，除了「成人之美」外，還有「與人為善」。

《孟子．公孫丑》云：「大舜有大焉，善與人同。舍己從人，樂取於人以為善。」這是說舜有寬大的心量，擅長站在別人的立場上，欣賞他們的善良與優點。所謂「舍己從人」，就是不帶成見的觀看他人的言行、聽取他人給予自己的意見。所以，舜可以清楚的知道周遭人各自的長處，不但引以為自己學習的對象，並且巧妙地使每個人的長才都能發揮在對的地方、作對的事。

因為舜有這樣「知人」與「長人」的特質，再加上舜是遠近馳名的孝子，因此他居住過的地方，都會漸漸變成一個小城市。據《史記．五帝本紀》記載，舜年輕時曾在歷山當農夫、在雷澤從事捕魚、在河濱作陶器工。舜所做的是很粗重的工作，一起相處的都是樸拙粗鄙之人，但是舜所到之處，那裡的人都會自然而然培養起謙讓的美德，形成和諧的小社區。因此，產生了這種有趣的現象：「一年而所居成聚，兩年成邑，三年成都。」舜住上一年的地方，會形成聚落，第二年就形成小鎮，第三年則發展成小城市。這真是「德不孤必有鄰」最好的例子了！

攻其所不能，補其所不備

名句的誕生

攻[1]其所不能，補[2]其所不備。毋以其所不能疑人，毋以其所能驕人。終日言，無遺己憂；終日行，不遺己患。唯智者有之。

～孔子家語．子路初見

完全讀懂名句

1. 攻：專攻，致力學習某事。
2. 補：補充，使某事趨於圓滿。

致力學習自己不擅長的，補足自己所不足、缺乏之處。不因為自己不擅長某事，就猜疑他人這方面的能力；也不因為自己擅長某方面的事，就在別人面前表現得驕傲自恃。在一日之中所說的話，不要有給自己留下憂慮之處；一日之中所作的行為，不要有給自己留下禍患之處，這些事就屬有智慧的人能做到。

名句的故事

孔蔑是孔子的兄長之子，他向孔子請教什麼是修身養性的道理，又該如何實踐呢？孔子回答：「知曉道理而不去做，不如不要知曉；親近人但不相信人，那不如不要親近。快樂的事情發生時，不要得意過了頭；憂患的事將要來臨時，要思慮但不要操煩過度。」孔蔑又問：「這樣就算做到修身養性了嗎？」孔子於是又作了補充回答，說了「攻其所不能，補其所不備」等句。

孔子因材施教，不同的人來詢問孔子同一個問題，他都會給予不一樣的答案。從孔子的回話中可以看出，他想向孔蔑傳述的是在學習上盡全力、在待人處事時維持心態平衡的修身觀。盡全力去學習，就不會有知而不行，或疏漏所學的情況發生；待人處事能保持不要太過，也不要不及的態度，就能避免憂慮和災禍的發生。

夫子在這裡所談的修身養性的道理，都不是艱深玄奧的知識。正所謂大道不遠求；日常生活中的應對進退，若能實踐得宜，兼又明瞭其原理，這樣也就算是做到修身養性了！

歷久彌新說名句

將「攻其所不能，補其所不備」換句話說，就是努力能拯救無知，勤勞可以補拙。

根據記載，清代的大學問家曾國藩，他天生的秉賦並不太高。他年幼時在家讀書，同一篇文章往往反覆讀誦數十次，還不能背得完全。一日，外頭來了一個賊，他埋伏在暗處，想等曾國藩讀完書，熄燈睡下之後再偷東西。但是他等啊等，只見曾國藩反覆在背誦同一篇文章，遲遲不入睡。終於那個賊惱火了，他跳出來大聲喝叱：「這種資質還讀什麼書！」說完，他就把那篇文章背誦出來，忿忿離開了。原來，那個賊光聽口誦，就可將文章記下了。

曾國藩不高明的記憶力，連小偷都感到不耐煩。但何以曾國藩成了大學者，而那位賊先生卻淪落以偷竊為生？這不全然是命運的捉弄，而是努力與否的差別啊！天資不高的人，在學習時能少一份驕傲自大，勇於謙虛求教、勤於補充自己的不足。所以，曾國藩的成功不是偶然的，是後天力學所致。

著名的科學家愛因斯坦曾說：「在天才和勤勉之間，我會不加遲疑地選擇勤勉，它幾乎是世上一切成就的催化劑。」歷史上有太多笨孩子變成聰明大人物的故事，他們的共同點就是勤奮向學。我們可以這樣說：創造性的成就是在努力與血汗中結果！

芝蘭生於深林，不以無人而不芳

名句的誕生

夫遇[1]不遇者，時也；賢不肖者，才也。君子博學深謀而不遇時者，眾矣，何獨丘哉！且芝蘭生於深林，不以無人而不芳；君子修道立德，不為窮困而改節[2]。

～孔子家語・在厄

完全讀懂名句

1. 遇：指得到君王賞識。
2. 改節：改變節操。

一個人能不能得到君王的賞識，是時機的問題；是賢能還是不肖，是自身才能的問題。有德行的人，有著廣博的學問、深遠的智謀，卻沒遇到好時機，這樣的人太多了，哪裡只有我孔丘而已呢？就像芝蘭生長在茂密的森林裡，不因為沒人欣賞就變得不香；有德行的人修養自己的道德，不因為窮困而改變節操。

名句的故事

《論語・先進》：「子曰：『從我於陳、蔡者，皆不及門也。』」孔子感嘆曾經與他一起在陳、蔡間遭受危難的那些學生，現在都不在身邊。《孔子家語・在厄》說的就是孔子遭厄於陳、蔡之間的故事。

楚昭王想要聘請孔子，孔子應聘前往，從陳國與蔡國的國界間經過，陳、蔡的大夫聚在一起討論道：「孔子著《春秋》，所言皆切中時弊，假如被楚國聘用的話，楚國必定興盛，那我們陳國、蔡國就危險了。」於是派兵圍住孔子，不讓孔子前進。孔子斷糧七日，仍然慷慨激昂地講學誦書，彈琴唱歌的聲音不絕於耳。子路忿恨不平地向孔子說：「有道德的人應該不會遭受窮困才是，難道是夫子您的仁德和智慧還不夠，所以使得人們不能信服您？」

孔子說：「假如有仁德的人就一定會被相信，那伯夷、叔齊就不會餓死首陽山；有智慧的的人一定會被任用的話，那比干也不會被紂王剖心而死。」

孔子認為能不能被君王賞識，是機遇的問題；自身有沒有才能，是自己的問題。君子最重要的是修養自己的道德，培養自己的才能，那在時機到來時，才能把握機會大展身手。

孔子以芝蘭比喻君子，即使無人賞識、遭受困頓，都應該盡力培養自身的才德，其餘聽天由命。

歷久彌新說名句

以香草比喻君子的德行芬芳，出自屈原的〈離騷〉。屈原自述他秉性貞正，又不停地修養自身的德行，從小就愛配戴蘭蕙等香草。在這裡，內美指德行，外美指用香草修飾，內美與外美結合起來，才能相得益彰，於是內在的德行與外在香草有了聯繫。屈原說自己「好脩」，一語雙關，「脩」不只是用服飾配戴修飾外在儀容，也是修養內在的德行。

屈原因為堅持為國為民謀福利而被楚王貶退，但他不屈不撓，百折不悔，令人感動。

從此香草成為君子德性的代言。如劉禹錫〈陋室銘〉：「斯是陋室，唯吾德馨。」德行不是具體的事物，並不會散發香氣，劉禹錫顯然是把德行具象化為香草，德性與香草的意象合而為一。

居下而無憂者，則思不遠；處身而常逸者，則志不廣

名句的誕生

晉重耳之有霸心，生於曹、衛；越王句踐之有霸心，生於會稽。故居下而無憂者，則思不遠；處身[1]而常逸[2]者，則志不廣，庸[3]知其終始[4]乎？

～孔子家語・在厄

完全讀懂名句

1.處身：立身。
2.逸：安逸。
3.庸：怎麼。
4.終始：偏義複詞，偏「終」義，結果、結局的意思。

晉國重耳之所以有稱霸諸侯的心思，是在流亡時被曹、衛的君主侮辱之後才萌生出來的；越王句踐之所以有稱霸諸侯的心思，是兵敗於會稽、屈辱於吳王夫差之後才萌生出來的。所以處在下位而沒有憂患的人，就不會有深遠的考慮；過著安逸生活的人，就不會有廣大的志向，怎麼知道他最後的結局會如何呢？

名句的故事

晉國重耳被曹、衛君主侮辱的故事，事見《左傳・僖公二十三年》。

重耳被晉獻公的寵妃驪姬逼得走投無路，就逃出了晉國。在外流亡時，路過衛國，衛君對他很不禮貌。他轉到五鹿去，向野人乞食，野人卻給他土塊，重耳氣得拿起鞭子想要鞭打他，子犯阻止了重耳，說道：「這是好兆頭

啊，上天將賜予你土地。」重耳於是恭敬地叩拜接受了。

重耳流亡到了曹國，曹君聽說重耳天生駢脅（肋骨連成一片），模樣很是奇特，就趁他洗澡時靠近偷看。

曹臣僖負羈的妻子說：「我觀察重耳的從臣都是很有才幹的人，足以扶持國政。現在他們齊心協力輔佐重耳，重耳必定能夠返國稱霸諸侯，以前對他無禮的人就糟了，曹君恐怕首當其衝。你何不早早與他結交，表明自己與曹君不同？」

僖負羈就送食物給重耳，在餐盤裡放置玉璧；重耳接受了食物，卻把玉璧退回。後來重耳返國即位，是為晉文公，果然藉故發兵討伐曹國，僖負羈一家得以倖免於難。

此則名句承續上則孔子厄於陳、蔡的故事，孔子對子路訓示道：人能不能得到重用，有時機的問題，但不管處在什麼地位，都應該修身自重。孔子舉重耳和句踐為例，說明他們萌生稱霸諸侯的心思，都是在他們最不如意、遭人侮辱之時，所以無憂、常逸的生活只會使自己墮落。孔子勉勵子路要把困厄當作考驗，從中磨鍊自己的心志，才有更寬廣的未來。

歷久彌新說名句

《孔子家語．在厄》孔子與子路對話完之後，尚有下文：子路退下後，孔子把子貢叫進來，將剛才的事跟子貢說說一遍。

子貢說：「老師您的理想太遠大了，所以天下容不下老師，您何不把您的理想稍稍降低呢？」

孔子說：「一個好的農夫會種田，但不一定會有收穫（必須靠天吃飯，因為天災難測）；一個好的工匠能做出精巧的東西，但東西不一定符合他人的心意。君子修治自身，以治理天下，卻不一定能被人接受。子貢你這樣是本末倒置，不務修身而求迎合別人，更是志向狹小、不懂得高瞻遠矚。」

水至清則無魚，人至察則無徒

名句的誕生

古者聖主冕[1]而前旒[2]，所以蔽明也；紘紞[3]充耳，所以掩聰也。水至清則無魚，人至察則無徒。

～孔子家語．入官

完全讀懂名句

1. 冕：王冠。這裡作動詞用，戴王冠。
2. 旒：冠冕上垂懸的珠玉。
3. 紘紞：紘，古代繫在冠冕下的帽帶。紞，音ㄉㄢˇ，垂於冠冕兩旁，懸繫玉瑱的綵線。

古代聖明的君主頭戴王冠，前面有絲線懸垂著珠玉，那是用來遮蔽視線的；王冠兩旁有繫領的帽戴和絲線懸垂的玉瑱，那是用來遮蔽聽覺的。水太清澈，魚兒就無法生存；人太明察秋毫，就沒有跟隨的群眾。

名句的故事

子張問孔子為官之道，孔子向他說明「水至清則無魚，人至察則無徒」的道理。魚兒並非不能在清澈的水中生存，那為何會沒有魚呢？因為魚兒失去了掩蔽，容易被發覺，而為人抓捕；人如果明察秋毫，眼裡容不下一沙，就會失去群眾的擁戴。

「人至察則無徒」表現上看起來，好像違反做官判案須明察事理、公正無私的原則，然而儒家講究仁民愛物，這句話必須放在這個背景去理解才行。一個有德行的為政者若心懷仁德，人民犯小錯，就盡量發掘他的好處，讓他功過相抵；人民犯了大錯，也要追究他犯錯背後的原因，用仁德輔導他；人民犯了死罪，如果能夠替他找到生路，讓他不至於死，就再好不過了。如此一來，上面的施政者和下面的人民關係就會比較親密而不疏離，要實施政令或推行教化比較容易而不會受阻。

從這裡可以看出儒家的法治和法家的法治的不同之處。儒家講究人治，在「情、理、法」中會將「情、理」放在靠前的位置，在不違背法律的大原則下，處處為人民著想；法家一切依法論處，重賞亦有重罰，賞罰不相抵，因此給人苛虐的印象。

因此「至察」並非說不要明察事理，而是用仁德輔助明察的心思，得饒人處且饒人，事事挑剔計較只會讓人感覺你的不友善，而沒有人願意親近你、與你和善相處了。

歷久彌新說名句

《世說新語．政事》記載一則故事：東晉王安期治理東海郡時，有一次，手下拘捕了一個犯了宵禁的人，王安期問他：「從哪兒來？」犯人說道：「在老師家讀書回來，不知不覺過了時間。」王安期就說：「鞭打一個像甯越一樣用功的人，恐怕不是治理的方法。」於是反而派手下送他回家。

文中提到的甯越是戰國時代的鄉下人。甯越務農維生，但有一天問朋友如何可免去耕種的勞苦，他的朋友回答：「不如用功學習，只要花三十年時間就可顯達。」甯越說：「那我只要十五年就足夠。其他人休息時，我不休息；其他人睡覺時，我不睡覺。」果然十五年後學業大成，西周國君周威公拜甯越為師。

因讀書過晚而犯宵禁，本是一件沒什麼大不了的過錯，如果因此鞭打他，雖然可以提醒人們遵守法律，卻阻卻了人們向學的決心；王安期了解犯宵禁的原因，取消應有的處罰，因為人民教育水準提高有助於教化的推廣，將會使社會更為安定，治理也更容易。王安期的表現可說是既明察事理，判案又不失仁德。

竭澤而漁，則蛟龍不處其淵

名句的誕生

刳胎殺夭[1]，則麒麟不至其郊；竭澤而漁[2]，則蛟龍不處其淵；覆巢破卵，則凰凰不翔其邑。

～孔子家語．困誓

完全讀懂名句

1. 刳胎殺夭：刳，音ㄎㄨ，剖開。剖出胎兒，殺死幼小生命。
2. 竭澤而漁：排盡池湖的水捕魚。

我聽說若有人殘殺正在成形的幼小生命，麒麟就不會在其原來的郊野出現；有人若抽乾湖泊的水來抓魚，蛟龍就不會出現在其原本的水淵；若有人傾覆鳥巢而破壞鳥蛋，鳳凰就不會在其原本所在的空中飛翔。

名句的故事

孔子周遊列國打算前往晉國投奔趙簡子，希望趙簡子會比魯國的季氏有寬大無私的胸懷寬闊，得以採用他的理論以實現「仁政德治」的政治理想。

在前往晉國途中，他看到許多從晉國逃出來的難民，孔子心想：在這樣的情況下，貿然前往晉國投奔趙簡子，會是怎樣的結果呢？他懷疑自己的判斷是否有誤，於是孔子向一位老者詢問晉國究竟發生了怎樣的事？老者告訴孔子：「趙簡子權勢極重，國君都怕他三分，三天前他將鳴犢和竇犨兩位大夫殺死……」孔子大吃一驚，因為鳴犢和竇犨是晉國著名的賢臣。

孔子命令弟子們立即駕車返轍。走了一段路，子貢明知故問：「夫子何故臨河返轍呢？」孔子長歎：「你們有所不知，趙簡子失意時，靠鳴犢，竇犨二位大夫賣命效力，視鳴、竇為左膀右臂。如今得勢，一人之下，萬人之上，便殺戮功臣，自削手足。吾等豈能再往晉國？」

以刀刃取殺幼胎、竭澤而漁、覆巢破卵，都是逆反自然生生不息、萬物滋生之理，有違天和。麒麟、鳳凰、龍等被古人認為是祥瑞之徵者，不再出現，即是失去祥瑞之象。

歷久彌新說名句

「麒麟」又單稱麒或麟，亦可寫作騏麟，是古代傳說中的一種動物，被視為祥瑞的象徵。

許慎《說文》：「麒，仁獸也。麇身，牛尾，一角。」是說麒麟的外形長得像鹿，尾巴像牛，只有一支角。麒麟的出現象徵國泰民安，《詩經》曾以「麟之趾」來歌頌文王及其家族，故後來以「麟趾」喻子孫多賢，結婚以「麒麟呈祥」為祝頌，生子則曰「育麟有慶」。

自古到今，中華民族一直視「龍」為吉祥之物。從建築到民間風俗習慣皆有龍的形象，中國人則自稱為龍的傳人。

鳳凰是中國古代傳說中的百鳥之王，在中華文化的地位僅次於龍。羽毛一般被描述為赤紅色，雄的叫鳳，雌的則叫凰，常用來象徵祥瑞。亦稱朱鳥、丹鳥、火鳥等。鳳凰也是中國皇權的象徵，常和龍一起使用，鳳從屬於龍，用於后妃。龍鳳呈祥是最具中國特色的圖騰。

由於這些神獸都是代表吉祥，因此古人認為處在亂世或違反自然之時，麒麟、鳳凰、龍等是不會出現在其原本所處之地的。

內行不修，身之罪也

名句的誕生

夫內行[1]不修，身之罪也；行修而名不彰[2]，友之罪也。

～孔子家語．困誓

完全讀懂名句

1.內行：行，音ㄒㄧㄥˋ。平日的操守。

2.彰：明顯。

所以平日如果不好好修養自己的操守，這是自己的過失；而操守完好但是出外名聲卻不能彰顯，這就是朋友的錯呀！

名句的故事

相傳四千多年前的夏朝，諸侯有扈氏起兵入侵，當時的皇帝大禹。派伯啟前去抵抗，結果伯啟打敗了，部下們很不甘心，一致要求再打一次。

伯啟說：「不必再戰了。我的兵馬、地盤都不小，結果還是吃了敗戰，可見這是我的德行比對方差，我的方法不如他的緣故。所以我得先檢討我自己，努力改正自己的錯誤才行。」

從此，伯啟發憤圖強，每天天剛亮就起來工作，生活簡樸、愛惜百姓、尊重有品德的人。這樣經過一年，有扈氏知道後，不但不敢來侵犯，反而心甘情願而降服歸順。

這是一個很有意思的故事，它告訴我們無論做什麼事，都應該先要求自己，找出自己的缺點，努力改正。只有抱持這種態度，才能把事情做好，能夠這麼做的人，我們就說他懂得「反求諸己」。

雖然只是簡單四個字，但是卻可以做為我們修養上的金科玉律，不僅可用來反省自己，也可以用來勸勉別人，對於導正做人處事的方向有很大的幫助。

歷久彌新說名句

在春秋時代，社會變化十分劇烈，人們的思想信仰開始發生動搖。於是，曾參提出了「反省內求」的修養辦法，不斷檢查自己的言行，使自己修善成完美的理想人格。

《論語》書中多次談到自省的問題，要求孔門弟子自覺的反省自己，進行自我批評，加強個人思想修養和道德修養，改正個人言行舉止的各種錯誤。這種自省的道德修養方式在今天仍有值得借鑒之處，因為它特別強調修養的自覺性。

除了內在的修為之外，對外交友也很重要，要結交有才能德行的人。《論語．里仁》提到：「見賢思齊焉，見不賢而內自省也。」實際上這就是取別人之長補自己之短，同時又以別人的過失為鑒，不重蹈覆轍，是一種理性智慧的處事修己之態度，也是增進個人修養的方法之一。

相反的，若凡事以自我為出發點來思考事情或評斷別人，這樣的人將永遠活在自己設限的框框裡，無法透澈洞悉更高的人生哲理及智慧，也喪失增進個人修養提升的契機。

不臨深泉，何以知沒溺之患

名句的誕生

不觀高崖，何以知顛墜[1]之患；不臨深泉，何以知沒溺之患；不觀巨海，何以知風波之患。失之者其在此乎？士慎此三者，則無累[2]於身矣。

～孔子家語．困誓

完全讀懂名句

1. 顛墜：跌落。
2. 累：過失、傷害。

沒有從高高的山崖往下看，怎麼知道跌落懸崖的危險；不親自進入萬丈深淵，如何知道被淹沒的危險；不親自看看浩瀚的海洋，怎麼能知道風暴與波浪的危險。人會犯錯，大概是因為沒經歷過這些危險吧？只要謹慎小心面對這些危險，就不會讓自己受到傷害了。

名句的故事

孔子注重親身經歷和體驗，就是「實踐」。只有身臨其境經歷了某事，才會有刻骨銘心的感覺。人們都說山崖高入雲霄，都說碧水深淵一望無際，但百聞不如一見，只有自己親自走過一回，才會領會其中的奧妙。

《荀子．勸學》曾說：「不登高山，不知天之高也；不臨深溪，不知地之厚也。」親身體驗的東西，才能更深刻的感受它。沒吃過苦的人，不知甜的美味；沒經歷人生磨練的人，不知人生的酸甜苦辣。

《荀子．儒效》又說：「不聞不若聞之，

聞之不若見之，見之不若知之，知之不若行之，學至於行之而止矣。」沒看見不如真的眼見，聽聞不如真的目視，看見不如深刻了解，了解事情不如身體力行，學習一定要能夠親身實踐。荀子所講的這段話，「學至於行之而止矣」可說是全篇的結語與精華，聞、見、知、行是荀子學習過程的四個環節，行比知更為重要，這與「學以致用」的理論相符合。凡事親身經歷過、親自嘗試過，才能知道究竟是怎麼回事，體會才深刻。

歷久彌新說名句

「如人飲水，冷暖自知」這句話出自《六祖壇經》，形容很多事情的甘苦，旁人看來都無法體會，只有親身去經歷，才能知曉其間的道理。別人在喝水、吞進口裡後，水是溫是冷，其他人根本無法得知，必須親自飲水，才能知曉水之冷熱。

五祖弘忍大師認定惠能為禪宗第六代祖師時，便將衣、缽二物傳授給他，並告訴惠能：「你已為第六代祖師，好好地自行護念，廣度眾生，不過你必須趕快離開這裡，恐怕有人會加害於你。」惠能於是辭別五祖往南行，大約走了兩個月，抵達大庾嶺是，隨後果然追來數百人想要奪取衣缽。

此時惠能將衣缽放在石頭上，而隱避在草叢中。不久，惠明最先趕上，當他一把提起衣缽，卻發現衣缽似有千斤重，怎麼提也提不動，他大聲說：「行者啊！我是為求法而來，不是為了奪衣缽而來！」惠能說：「你既然是為求法而來，當去除心中的外緣，我才能為你說法。」過了一會兒，惠能向惠明說：「不思善，也不思惡，如此的當下，哪個是本來面目呢？」此話一出，惠明忽然頓悟了，他感激的說：「學佛這麼多年，卻不清楚自己的本來面目，今蒙行者指示，如人飲水，冷暖自知。」於是禮惠能為師。從此典故看來「如人飲水，冷暖自知」是指一種證悟自性本心的修行境界。現今用來比喻我們對任何事物，只有親自經歷，才能體會箇中滋味。

令不再而民順從，刑不用而天下治

名句的誕生

善御民[1]者，壹其德法，正其百官，以均齊民力，和安民心，故令不再而民順從，刑不用而天下治，是以天地德之，而兆民[2]懷之。

～孔子家語．執轡

完全讀懂名句

1. 御民：此處以御馬的方式來類比治理人民，因此「御民」是指治理人民。
2. 兆民：萬民，比喻人民非常眾多。

善於治理人民的君主，會畫一自己的德教與刑法，不會讓兩者互相淆亂，會整飭自己所有的官吏，讓他們能夠均平地使役自己人民的力量，並且能和順地安撫自己人民的內心。如此一來，號令不需要下達第二次，而人民沒有不順從的，不使用刑法而天下就能太平。是以天地都會認為他具有高超的道德，所有的人民都會對他心悅誠服。

名句的故事

孔子認為善於治理人民的君主，就像是一位善於御馬的人，要讓馬順利的奔跑，就要注意到御馬的各項環節。例如要齊一自己的馬勒頭，這就代表著德教與刑法必須配合無間，不能隨意施行使兩者互相淆亂。要將馬韁繩緊握於手，如此才能緊控著馬匹，這就代表著要整飭自己所有的官吏，讓各級官吏與自己的人民緊密配合，要讓各級官吏有效地使用民力，並且要他們能夠和順地安撫自己人民的內心。若能如此，則君主的號令不需要下達第二次，人民就會順從的。也因為人民清楚的知道，德教與刑法是有一定標準，於是人民樂於遵守而不願破壞。長期下來，就可以不再使用刑法，而天下就能太平，所有的人民都會對君主心悅誠服，而這就是「令不再而民順從，刑不用而天下治」這句話的內在含意。

歷久彌新說名句

就「令不再而民順從，刑不用而天下治」這段名句而言，歷史上最能用來說明這概念的例子，就是「蕭規曹隨」。

曹參在漢高祖劉邦還是擔任沛公時，就跟著他東征西討。曹參長期跟隨劉邦作戰，戰功顯赫，等到劉邦建立漢帝國之後，遂任命曹參為齊國相國，此後又改命曹參為齊國丞相。那時齊國有七十座城邑，而且天下剛剛平定，於是曹參把長者與讀書人都召集起來，加以詢問安撫百姓的辦法，然而眾說紛紜，曹參頗有不知如何決策的感慨。後來他聽說膠西有位蓋公，精研黃老學說，於是就派人請他前來。蓋公對曹參說治理國家的辦法貴在清淨無為，讓百姓們自行休養，並且讓他們知道自己所要遵守的命令、刑法，是有一定的標準，不會被任意更改。如此一來，人民自然就會上軌道。此後，曹參治理國家的原則，就是採用黃老學說，所以他當齊國丞相九年，人民都稱讚他是賢明的丞相。

漢惠帝二年時，朝中相國蕭何去世。曹參知道之後，就對門客表示自己將要入朝當相國了。過了不久，朝廷果然派人來召曹參擔任朝廷相國。曹參卑賤時與蕭何關係一直很好，蕭何臨終時也只向漢惠帝推薦曹參一人。曹參接替蕭何為相，所有制度與施政原則，全部依循蕭何所制定的法度，史稱「蕭規曹隨」，於是在「蕭規曹隨」與「休養生息」的原則，漢帝國漸從凋弊走向富庶。

從曹參的所作所為來看，其實就是將「令不再而民順從，刑不用而天下治」這段名句背後的原則與精神，將其淋漓盡致的發揮。

治國而無德法，則民無修

名句的誕生

治國而無德，則民無修[1]，民無修則迷惑失道，如此上帝必以其為亂天道也。

～孔子家語．執轡

完全讀懂名句

1. 修：學習、遵循。

治理國家卻沒有德教與刑法的話，人民就會無從學習、遵循；如果人民無從學習、遵循，就會迷惑不解，猶如迷失道路般不知所措。這樣一來，上帝就會認為君主你是在擾亂治理之道。

名句的故事

「治國而無德法，則民無修」這段名句，所要傳達的概念，就是治理國家時，德教與刑法必須並用，而非只是偏向一方而已。這樣德法並施的精神，在其他典籍中亦屢有提及。

《管子》書中的〈四時〉就曾說：「刑德者，四時之合也。刑德合於時則生福，詭則生禍。」刑法與德教，是跟春夏秋冬四時互相配合的。若刑法德教能與四時緊密配合，那麼國家就會往好的方向發展。反之，就會出現禍害。

由此觀之，德法並施而非只是偏向一方的觀點，已經是先秦時代施政的重要概念。而「治國而無德法，則民無修」這段名句，正好也體現這樣的精神，德教與刑法必須相互配合施行，也必需各自分工又各不相混，如此治理國家，才能讓國家步上正軌，也才能讓國家永續經營。

歷久彌新說名句

「治國而無德法，則民無修」這段名句，所蘊含的哲理其實就是「不論德教與刑法，都必須有一定的標準，不能夠依照君主的好惡而任意更改」，如果德教與刑法，都隨著君王的好惡而更改，那麼人民就不知如何遵守。

漢文帝有次外出時，他的車駕被一位從橋下跑出來的人驚嚇到，於是護衛就將他逮捕，交由張釋之審問。張釋之查明原因之後，於是就判他罰款。

漢文帝知道後非常憤怒，認為這人明明驚嚇到我的馬，幸虧我的馬溫柔和順。換了別匹馬，難道不會因此而傷害到我嗎？為何你只判他罰款而已？

張釋之解釋說法律規定只能判決罰款，再者法律本來就是天子與百姓所當共同遵守的，如今要違背法律來判以重刑，那法律將不再被百姓所信任了。

張釋之認為執法者應當公平執法，如果有所偏頗，或者可以無視法律而隨意輕判或重判，那麼百姓難道不會不知所措嗎？賢明如漢文帝聽從張釋之的解釋，欣然釋懷。

從張釋之對漢文帝解釋的話來分析，張釋之認為漢文帝貴為帝王，絕對不能任意干擾判決，如果漢文帝可以任意更改判決，那麼人民又當如何遵守法律呢？因此，若從張釋之所主張的理由深入分析，其實是與「治國而無德法，則民無修」這段名句的精神相符合。

過而改之，是為不過

名句的誕生

過失，人之情1莫不有焉。過而改之，是為不過。

～孔子家語．執轡

完全讀懂名句

1. 情：常情、情理。

過錯，以人的情理而言是不可能沒有的。唯有真正的徹底改過，那樣才不算是過錯。

名句的故事

「過而改之，是為不過」這段名句，所要傳達的概念，就是「改過」與「徹底改過」而已。先秦儒家主張與其在乎一個人是否能夠不犯錯，不如在乎他在犯錯之後，是否能夠真正改過，甚至是否能夠不再犯錯。

因此，在《論語》孔子非常推崇顏回的「不二過」，甚至還主張「君子之過，如日月之食，過也，人皆見之，更也，人皆仰之」君子會犯錯，就好像日有日蝕、月有月蝕那樣正常，而且大家也一定會看到他的犯錯，可是君子有過錯，就會加以改過，如此一來大家一定會尊敬他，就好像抬頭仰望日月一樣的尊敬。這些名句都與「過而改之，是為不過」具有相同的含意。

然而，孔子所說的這段名句，其實是針對君主而言的，因為這句話的脈絡，完全圍繞在君主當如何治國。在此語言脈絡之下，孔子認為君主並不是不會犯錯，因為犯錯是人之常情，可是君主的一言一行動見觀瞻，如果不改錯，就會失去治理人民的正當性了，因為上不正的話，就無法正之於下了。

君主唯有改正自己的過錯，那樣才不算是過錯，在治理人民上，就更能使人民心服了，這就是「過而改之，是為不過」的內在含意。

歷久彌新說名句

與「過而改之，是為不過」這段名句的精神互相參照的，就是「人非聖賢，孰能無過；過而改之，善莫大焉」。

春秋時期的晉靈公非常殘暴，常會藉故殺人。某日，廚師因為熊掌燉得不夠熟爛，於是就將廚師當場處死，並命人將屍體裝在筐裏，丟到宮外埋葬。途中趙盾、士季兩位正直的大臣知道這件事之後非常氣憤，決心進宮向晉靈公進諫。

士季先行入朝勸諫，晉靈公從遠處望見他的神情時，約略看出是衝著自己殺了廚師這件事而來，遂假裝沒有看見他而刻意迴避。直到士季直接來到屋簷下，晉靈公無法迴避，才瞟了他一眼，並輕描淡寫地說：「我已經知道自己所犯之錯，今後一定改正。」士季聽他這樣說，也就改以溫和的語氣說：「誰沒有過錯？有了過錯而後能改正，那就最好了。如果你能接受大臣的勸諫，你就是一個好國君。」但是，晉靈公並非真正想要改過，在朝仍然殘暴無度。相國趙盾屢次勸諫，而晉靈公非常厭惡，甚至派了刺客要暗殺趙盾。可是刺客不願殺害忠貞的趙盾，遂以自殺方式，來回復君王的命令。晉靈公不罷休，遂假意請趙盾進宮赴宴，想在席間暗殺他，但最後趙盾被有志之士所救出。最後，作惡多端的晉靈公，終於被一位名叫趙穿的人殺死。

像士季所說的「人非聖賢，孰能無過；過而改之，善莫大焉」這段名句，簡而言之，不就是「過而改之，是為不過」。

終夜有求於幽室之中，非燭何以見

名句的誕生

治國而無禮，譬猶瞽[1]之無相[2]，倀倀[3]乎何所之？譬終夜有求於幽室[4]之中，非燭何以見？

～孔子家語．論禮

完全讀懂名句

1.瞽：盲人。
2.相：攙扶的人。
3.倀倀：看不見的樣子。
4.幽室：幽暗的房間。

治理國家不用禮，就像瞎子沒有攙扶的人，茫茫然不知要走到哪裡；也像整晚在幽暗的房間裡找東西，沒有蠟燭怎麼看得見？

名句的故事

子張向孔子請教什麼是禮？孔子訓示他：禮，就是做事的辦法。

在這裡不妨解釋一下禮的本質，作為了解此名句的背景。《孔子家語》在同一章亦提到：「禮者，理也。」古人很喜歡用同音字互訓的方法來解釋事物的本質。「禮」的本質就是「理」，「理」既是「道理」也是「條理」，一件事如果符合道理，必然也會表現出有條有理的樣子，這個樣子就是「禮」。

禮儀是就表面而言，理是就其內在本質而言，故孔子在《論語．陽貨》中感歎道：「禮云禮云！玉帛云乎哉？」玉帛是諸侯朝聘或嫁娶行聘、祭祀時用的物品，整句話是表示禮難道是在說外在的這些儀式嗎？要有相對應的心情思想禮才不至於徒具虛文。

諸侯會面需要禮，郊廟祭祀需要禮，即使一般人的婚喪嫁娶、酬酢應對都需要禮，禮無所不在，因此說「禮」就是「治事之理」。

歷久彌新說名句

「燭」在中國文學中，不止有照明的作用，更有其他有趣的象徵。《韓非子．外儲說左上》記載一則故事。

有一楚人想要寫一封信給燕國宰相，晚上光線不太夠，他就命令拿蠟燭的僕人說：「舉燭！」（把蠟燭拿高一點），沒想到代筆之人卻將「舉燭」也寫進信裡。

燕相收到信以後，反覆閱讀，就是無法理解「舉燭」是什麼意思，後來終於想通，認為楚人的意思應該是「舉燭者，尚明也；尚明也者，舉賢而任之。」崇尚光明，意謂要舉用賢人。於是上報燕王，燕王採納之後，燕國因此大治。

韓非用這個故事來諷刺當世學者多穿鑿附會，任意曲解先王的言論。這個故事後來演變成「郢書燕說」的成語。

無禮則手足無所措

名句的誕生

故無禮則手足無所措[1]，耳目無所加[2]，進退揖讓無所制。

～孔子家語．論禮

完全讀懂名句

1.措：安置。
2.加：施加。

所以沒有禮的話就會不知道手腳怎麼擺放，耳朵和眼睛也不知道要聽什麼、看什麼，進退揖讓沒一個準則可依據。

名句的故事

失去禮的生活，長幼就會沒小沒大；夫婦

在閨閣之中、或父族、母族、妻族的親戚相處就會失去和氣；朝廷官爵失去序列；打獵、作戰調度無方；軍隊失去氣勢；宮室的建築沒按照法度；鼎俎的形制不合規格；音樂不合節拍；車子的製作不合規格；鬼神失去祭祀；喪事沒有哀愁；百官失去體制；政事的治理也無從做起。所有行為都不合宜，這樣一來就無法凝聚天下民心了。以上是孔子闡述沒有禮的後果。

故孔子所言「無禮則手足無所措」並未誇大失實，如與人相見的揖讓進退之禮，就是手足擺放的問題，應對失措就會貽笑大方，對方也會覺得你失敬，與人的交往就失去進一步發展的可能。

歷久彌新說名句

《晏子春秋》記載一則故事。有一次，齊景公和群臣宴飲，喝到盡興處，就說道：「今天和各位大夫喝得非常高興，大家不用拘束禮節。」

晏子立刻恭敬地對景公說：「您說得太過頭了！臣子假如都無禮於君的話，力量大的就可以勝過長上，勇氣大的就可以弒君，這就是不用禮的後果。禽獸看誰的力量大就誰做主，所以強大的常常欺侮弱小的，領袖不時就會更換。今天您假如丟掉禮，就跟禽獸沒兩樣了，力量大的臣子就可靠勇力取代您的位置，君主的位置不時就會換人，那君主又哪裡能安然地生存呢？人跟禽獸的不同，就在於人有禮，所以《詩經》『人而無禮，胡不遄死』，實在不可沒有禮啊！」

景功自顧自喝酒，裝作沒聽到。過了一會兒，景公離席一下，晏子不起身恭送；景公入席，也不起身恭迎。景公和群臣敬酒，晏子卻先把酒喝了。

景公生氣地說：「先前你教訓我不可無禮，你剛剛的行為，算是有禮嗎？」

晏子離席向景公謝罪道：「臣怎麼敢忘記對您說過的話呢！臣只不過用自己的行為向您表示，你如果希望不拘束禮節，就是這個樣子。」

景公才解了怒氣，對晏子說：「我知錯了，先生入座，我聽你的話就是了。」於是再喝三巡酒，就散了酒席。自此以後，景公努力修治禮法，百姓的行為也變得恭敬有禮多了。

禮不僅區分了階級，也規範人我之間合宜的行為；若沒有禮，人若撕去文明的外衣，社會將變得混亂無比。故不可須臾鬆懈禮節。

民知所止，則不犯

名句的誕生

上有制度，則民知所止；民知所止，則不犯。故雖有姦邪盜賊、靡法[1]妄行[2]之獄，而無陷刑之民。

～孔子家語．五刑解

完全讀懂名句

1. 靡法：無法無天。
2. 妄行：胡作非為。

在上位者訂立制度，讓人民知道界線在哪裡；知道哪裡是界線，就不會去觸犯。所以雖然有作奸犯科、竊盜搶劫、無法無天、胡作非為的刑獄，卻沒有犯法的人民。

名句的故事

冉有向孔子請教說：「古代三皇五帝不用五刑，這件事可信嗎？」

孔子回答他：「聖人設下防範的措施，是要人民不去觸犯，定下五種刑罰，卻不去使用，這樣是最完善的政治啊！一般人之所以作奸犯科、竊盜搶劫、無法無天、胡作非為，起於生活用度不足；生活用度不足的原因在於花費沒有節制；花費沒有節制小一點的就會去偷竊搶劫，大一點的就會奢侈浪費，都是不知道節制所造成的。所以在上位者訂立制度，讓人民知道界線在哪裡；知道哪裡是界線，就不會去觸犯。」

這裡「制度」指禮制。《荀子．禮論》討

論禮的來由，認為人天生就有欲望，有欲望就會去追求，求取沒有限度就會爭奪，有爭奪就會生出無限紛爭。先王不願天下紛紛擾擾，故制定禮制來分配。所以禮的起源就是「養人之欲，給人之求」，給人們欲望，供應人們需求。

禮制訂定等級，什麼等級的人就享有多少資源，這就是所謂「民知所止」的界線。孔子要人們謹守禮制的分寸，就不會觸犯法律，以致陷於刑獄。

歷久彌新說名句

冉有詢問孔子古代三皇五帝是否不用五刑，五刑是指五種輕重不等的刑罰，可說概括古代的刑罰：

墨刑：在臉上刺字染墨。

劓刑：割去鼻子。

剕刑：又作「刖刑」，砍斷腳脛。

宮刑：男子去勢，女子幽閉（一說將女子囚禁，一說同為破壞生殖器之刑）。

大辟：死刑。

關於「知足」、「知止」的概念，道家與法家也有不同看法。《老子．四十四章》言明：「知足不辱，知止不殆，可以長久。」知道滿足就不會受到侮辱，知道限度就不會招來危險，可以長久平安。與儒家以欲望之不足故制定名分來分配剛好相反，道家強調「知足」、「知止」則為同一。

《韓非子．六反》對老子「知足不辱，知止不殆」則抱持否定的態度。韓非的看法是如果人民財用足就會不肯出力，在上位者怯於治理人們就會為非作歹，以殆辱的原因而滿足不追求更多的只有老子做得到；現在以為滿足了人民就可以治理良好，這是把所有人都當成老子看待了。治理人民應該嚴明賞罰，讓人民付出才有所得，犯了錯就給予處罰，這才是帝王應該採取的治理措施。

孔子家語

親者不失其為親也，
故者不失其為故也

100

刑不上於大夫，禮不下於庶人

名句的誕生

先王制法，使刑不上於大夫，禮不下於庶人[1]。然則大夫犯罪，不可以加刑；庶人之行事，不可以治於禮乎？

～孔子家語．五刑解

完全讀懂名句

1. 庶人：平民。

先王制定法律，讓刑罰不加之於大夫，禮儀不行之於一般民眾。如此的話，大夫犯了罪，不就不可以行刑；一般民眾行事，不就不用修飭禮儀了嗎？

名句的故事

冉有向孔子詢問：「刑不上於大夫，禮不下於庶人是什麼道理？」

孔子於是說明「刑不上於大夫」是因為大夫必須學習禮節，用禮來約束自己的內心，培養他們廉恥的節操。如果有大夫犯了貪污的罪刑，不直接說他貪污，而說他祭祀的禮品沒有準備好；犯了淫亂的罪刑，就說他帷幕沒有整理好；欺君不忠，就說他沒有彰顯臣子的德行；太過軟弱，沒有將分內職責做好的人，就說他不稱職；干犯了國家法紀，就說他做事沒有向君王請示。

這五種情形，大夫已經自定罪罰，但君王仍然不忍心當面斥責他，一來為他隱諱，一來要他內心感到羞愧。如果犯的罪在五刑之內，被君王舉發，那大夫就要戴著白冠，手捧一盤水，上面放一把劍，自己走到朝廷請罪，君王不會派官吏拿繩子綑綁他押到監獄去。如果犯的罪更大，大夫接到詔命，就要向北面拜兩拜，跪下來自殺，君王不會派人對他用刑殺他。君王這麼做，在在表示：「你的遭遇是自取的，我仍然很尊重地對待你啊！」

由此可看出，雖然大夫不以刑罰加身，這不表示大夫犯了罪不用受罰，而是要求他自己為自己定罪、自己給自己懲罰，這是古代的禮儀教育要求大夫應有的品德。

「禮不下於庶人」不是說一般平民不用要求禮儀，而是他們並非從小接受禮儀的教育，突然遇到要行禮的場合，一時會做得不恰當或不周全，所以不用禮儀不周等理由苛責他們，而是慢慢引導他們學習。

歷久彌新說名句

《宋史・蘇頌傳》有一則「刑不上於大夫」的例子。宋神宗熙寧二年，金州太守張仲宣貪贓枉法，被判杖脊（用棍子打脊背）、黥面（臉上刺字，標示為罪人）、發配海南島，掌理審刑院的蘇頌覆核，進言道：「張仲宣的貪汙的錢很少，刑罰應當再減輕些。」

宋神宗說：「那免去杖脊，只黥面、發配海南島，這樣可以嗎？」

蘇頌說：「古者刑不上大夫，張仲宣官居五品，現在免去死刑而黥面，就是把他和一般犯人相同處理。雖然這個人不值得特別去保護他，但這樣做，恐怕是汙辱了所有士大夫。」宋代從此朝廷任命的官吏犯法都不用杖刑和黥面，就成了定例。

「刑不上於大夫」的精神是對士大夫階級的道德給予信任，這樣的優遇表示對士大夫的重視，希望能鼓舞更多有能力的士大夫出仕。

至刑無所用政，至政無所用刑

名句的誕生

至刑[1]無所用政，至政[2]無所用刑。至刑無所用政，桀、紂之世是也；至政無所用刑，成、康之世是也。

～孔子家語．刑政

完全讀懂名句

1.至刑：最嚴厲的刑罰。

2.至政：最完善的政治。

用最嚴厲的刑罰治理無法推行政令，最完善的政治不必用刑。用最嚴厲的刑罰治理無法推行政令，就像桀、紂統治的世代；最完善的政治不必用刑，就像周代的成、康之治。

名句的故事

此則名句出於冉雍向孔子請教「至刑無所用政，至政無所用刑」的道理。

孔子回答：「聖人治理國家、施行教化，一定是刑罰和治理摻雜著使用。最好的治理是用道德教育人民，用禮制整飭他們的行為；次一級的作為就是用政令引導人民，用刑罰禁止。刑罰的最終目的是不再用刑。假如教化他們卻不改變，引導他們卻不跟從，他們做了傷害仁義、敗壞風俗的行為，這才使用刑罰。」

冉雍標舉了一個高遠美好的目標，彷彿「至政」一蹴可幾，用刑罰治理人民反而會讓治安敗壞，最終可能墮蕩到「至刑無所用政」的暴亂狀態。

孔子的回答不完全否定刑罰的作用，認為誠然用刑的最終目的是使人民自發守規矩，刑罰便可擱置不用，這個境界稱之為「至政」；但在到達「至政」的完善境界前，刑罰是不可廢棄的，必須刑罰、治理摻雜使用，用政令引導人民向善，用刑罰禁止人民不好的行為。孔子察覺冉雍的疑惑有好高騖遠的傾向，故提點其刑政互相為用的道理。

歷久彌新說名句

《史記．孝文本紀》記載緹縈上書救父，漢文帝很受感動，就下詔說：「蓋聞有虞氏之時，畫衣冠異章服以為僇，而民不犯，何則至治也！」聽說舜之時，有罪的人民就在他們的衣冠上畫上圖案，或讓他們穿上不同的衣服，標示他們犯了罪，以此讓他們感到侮辱，人民因而不敢犯法，這是為何呢？因為虞舜有完善的政治啊！文帝並言現在有三種肉刑，卻遏止不了人民犯罪，這不是因為他的德行太過淺薄的關係嗎？他感到非常慚愧，因為自己道德不純，致使人民墮落。現在人民有罪過，沒有好好教導人民就對其行刑，使人民想改過遷善卻因被標上不可抹除的記號，以致向善無門。因此漢文帝下令廢止肉刑。

若說儒家的「至治」是以德化民、不用刑罰的理想世界，道家的「至治」與此不同，《莊子．胠篋》引用老子的話說道：「甘其食，美其服，樂其俗，安其居，鄰國相望，雞狗之音相聞，民至老死而不相往來。若此之時，則至治已。」認為粗茶淡飯的味道極好，穿的粗布衣裳也極為漂亮，樂於自鄉風俗，安於自家居所，鄰國之間互相看得見，雞狗叫聲也互相聽得到，但兩國人民到老死也不相往來。這樣的年代可說是「至治」的年代啊！道家認為像上古質樸無為的生活才是「至治」。

法家的「至治」又與兩者不同，以為用法令權術完全控制天下臣民，使他們一言一行皆合乎規範，才是「至治」。

太上以德教民，而以禮齊之

名句的誕生

太上[1]以德教民，而以禮齊[2]之；其次以政焉導民，以刑禁之。

～孔子家語·刑政

完全讀懂名句

1. 太上：最好的、上佳的。
2. 齊：整治。

最好的治理方式是用道德教化人民，用禮儀整治他們的行為；次一等的治理方式是用政令引導人民，用刑罰禁止他們的行為。

名句的故事

此則名句承續冉雍向孔子詢問「至刑無所用政，至政無所用刑」的道理，孔子回答他，聖人治理教化人民，一定是刑罰和治理兩種手段並用。上佳的方法是用道德教化他們，用禮儀整治他們；次一級的方式用政令引導他們，用刑罰禁止不法的行為。

我們常說「禮儀」也就是合宜的行為舉止。在適當的場合表現合宜的行為舉止，這就是禮。《孔子家語·五刑解》說道，如諸侯朝見天子的禮節，就是闡明貴賤有別、尊卑有序的道理；明瞭這道理，人民就會尊敬長上，不會有弒上的行為。鄉飲酒禮，就是闡明長幼有序、崇敬禮讓的道理；明瞭這道理，人民就不會有相陵鬥毆的行為。婚禮聘享之禮，就是闡明男女有別、夫婦有義的道理；明瞭這道理，就不會有淫亂的行為；喪祭之禮，就是闡明仁愛的道理；知道仁愛，在喪葬祭祀時就會思慕親人，慎終追遠，不會不孝。因此可說德是禮的內涵，禮是德的外現，禮有涵養道德的功能。

以更簡單的例子來說明「太上以德教民，而以禮齊之」的道理，譬如在位者教導人民孝順的道理，民眾用晨昏定省等禮節來孝養父母；次等的作法則是頒布子女必須奉養父母的法令，並對無故棄養父母的子女施以刑罰。這兩種治理方式孰優孰劣自是不言自明。

歷久彌新說名句

劉向《說苑．政理》有一則故事：魯國有一對父子到官府互相告對方，季康子聽到這件事，就說：「將做兒子的殺了！」孔子連忙阻止說：「萬萬不可，人民不知道父子打官司是大逆不道的事，這是施政官員的過錯。在上位者假如治理有方，就沒這種人了。」季康子說：「治理人民以孝為本，現在殺一個人來懲罰不孝，這不是很好嗎？」孔子說：「不先教導他孝順的道理就殺害，是虐殺無辜的人。在上位者宣揚教化並且率先以身作則，人民就會隨之跟從；如果在上位者這樣做，人民沒有跟著做，才用刑罰懲治，人民也才會知道他們的過錯。從前有德的君子引導百姓不讓他們迷惑，所以不用威厲對待他們，刑罰也擱置不用。」打官司的父子聽說了這件事，就把官司撤銷了。治理人民應以德為先，使他們有道德的觀念，社會風氣自然良好；光用刑罰卻不教導他們，人民並不知自己的過錯，這樣就是虐待人民。

《論語．為政》提到：「道之以政，齊之以刑，民免而無恥；道之以德，齊之以禮，有恥且格。」孔子說，用政令引導人民，用刑罰加以整治，人民只求自己的行為免於刑罰而已，心中並無羞恥心；用道德引導人民；用禮儀加以整治，人民心中不但有羞恥觀念，行為也端正符合規範。

君子之音溫柔居中，以養生育之氣

名句的誕生

故君子之音溫柔居中1，以養生育之氣，憂愁之感，不加於心也；暴厲之動，不在於體也。

～孔子家語．辯樂解

完全讀懂名句

1.居中：適中，不偏不倚之意。

有修養的人所彈奏的音樂，柔和適中，以涵養其生長的祥和之氣，憂愁的情感不施於內心；暴戾的舉動不表現於形體。

名句的故事

子路是孔子的重要弟子之一，孔子讚揚他有行政才能，「千乘之國，可使治其賦」，根據《孔子家語》記載，子路還真的到蒲地做了三年大夫，而且獲得良好的政績。但是，孔子也曾語重心長談到子路，可能死於非命啊！

正因為孔子曾在子路琴音中有了「鮮克有終」（不得善終）之感。

另外，在《論語》也有記載：「子路彈瑟，子曰：『由之瑟奚為於丘之門？』」（子路彈琴，孔子說：「子路彈的琴曲豈是在我孔丘門下學習的嗎？」）

由於「樂」在孔子的教育中是很重要的，在六藝之中，僅次於禮，對樂的體會直接關係到對孔子哲學思想的理解，所以孔子對子路鼓琴的這番評語十足是「愛之深，責之切」的體現。

歷久彌新說名句

古代文人雅士非常注重對於音樂的鑑賞力。一般村夫野婦哼唱的通俗音樂難登大雅之堂；撼動人心，令人血脈賁張的音樂是北鄙之音；牽動心弦，勾魂攝魄的靡靡之音亦會辱國。究竟何謂「君子之音」呢？

中國古代君子很重視修身養性的工夫，而音樂就是修身養性的重要手段之一，傳統的中國社會以音樂當作個人的教育工具，因此與西方權貴多為古典音樂「欣賞者」的角度不同，中國古聖先賢是以「親身參與演奏」音樂者居多。

君子在選奏音樂時，首重音樂帶給聆聽者乃至社會的深遠影響，認為最理想的音樂應該是人的精神獨立意識還未喪失時，還能給人領略到音樂之美，這才是最美好、高雅，而且負責任的音樂。

所以，君子不能使用音樂藝術中誇張的表現力或感染力去「征服」聽眾，反之，君子需傳達不極端或不自以為是的平和音律，以教化民心，使其溫和柔順，這樣就能使民風善良，世界平和。

古今相通的是同樣極度推崇音樂有「入人也深，其化人也速」的感人力量，君子選擇以光明正面的音樂謳歌世界的美好，正如當今的勵志歌曲，用音樂帶來社會一線曙光。

過而能改，其進矣

名句的誕生

冉有以告子路，子路懼而自悔，靜思不食，以至骨立[1]。夫子曰：「過而能改，其進矣[2]乎。」

～孔子家語．辯樂解

完全讀懂名句

1.骨立：形容極瘦，只剩下骨架般的消瘦。

2.矣：表示肯定的語氣。

冉有將孔子嚴詞批評子路彈琴不合君子之音的事情告訴子路，子路聽了夫子的批評，既害怕又後悔，好幾天自我反省、食不下嚥，甚至到了形毀骨立的狀態。孔子看他這樣，寬慰地表示：「犯了過錯而能夠改正，就是一種進步了。」

名句的故事

關於這段記載，《論語》裡也說到，門人因為聽聞了夫子對子路彈琴非君子之音一事而不尊敬子路，孔子知道了就說：「由也升堂，未入於室也。」意思是說子路已到「可登大雅之堂」的境界，但還「未能入君子之室」，但子路是可以繼續體悟提升的。

言談之中，在在顯露對於子路的疼愛與肯定。然而，子路雖然表現出「過而能改，其進矣」的品格，卻改不了剛正不阿的個性，還是應驗了孔子對他的評論：當衛國大亂，衛靈公太子蕢聵勾結當時的衛大夫孔悝作亂，子路當時是衛大夫孔悝的邑宰，友人勸他趕緊離去，免受其禍，子路卻認為孔悝此舉不合禮教，自己受其俸祿不能在危難時離去。於是冒險進城對蒯聵進言，認為應該殺掉像孔悝這樣的亂臣賊子，蒯聵不聽，子路就想燒臺，蒯聵於是派人殺害子路。

傳說孔子一聽衛國動亂，就哭著說：「子路要死了。」孔子與子路師徒情深，據說當年孔子擔心子路安危之際，當有使者前來，孔子立即問子路的情況怎麼樣了，使者回答：「已經被剁為肉醬了。」孔子於是將碗裏的肉醬倒掉。又有傳聞說子路當年是感雷精所生，所以逞勇，終因孔悝之亂而死，子路死後，孔子一聽到雷聲，就心痛如絞，在子路死後第二年，孔子也病死。

歷久彌新說名句

談到「過而能改」，一般常會聯想到「過而能改，善莫大焉」這則名句。

春秋時代，晉靈公無道，濫殺無辜，臣下士季對他進諫，晉靈公聽了之後，立即懺悔說：「我知過了，一定要改！」士季非常高興，就對晉靈公說：「人誰無過？過而能改，善莫大焉。」然而，與子路不可抗的命運相同的遺憾是，晉靈公雖然爽口答應改過，但本性難移，不能履行承諾，依舊殘暴施虐，最終還是被臣下刺殺身亡。

不過，歷史上還是有「過而能改」而成就大事業的偉人，例如：楚莊王剛剛少年登基時，無心治理國家，不分日夜在宮中飲酒作樂，荒廢朝政，以致民不聊生。後來臣子用「三年不鳴，一鳴驚人」的神鳥故事啟發他，終於使他決心改錯，認真處理朝政，帶領楚國成為強國，楚莊王也成為「春秋五霸」之一。

「過而能改，其進矣」不只是當下知錯能悔的進步而已，更是需要下定決心，致力改過的抉擇與毅力，方能扭轉憾事。

春夏秋冬，風雨霜露，無非教也

名句的誕生

天有四時，春夏秋冬，風雨霜露，無非教也；地載神氣[1]，吐納雷霆，流形[2]庶物[3]，無非教也。

～孔子家語．問玉

完全讀懂名句

1.神氣：神妙之氣、自然元氣。
2.流形：各種形態。
4.庶物：萬物之意。

春夏秋冬四個時節依序運行，風雨霜露各種天象依時而降，同樣恩澤遍及萬物，沒有偏私，這是可以做為君主推行教化所效法的；大地覆載自然的神妙之氣，呼吸之間自然釋出雷電能量，孕育各種形態的世間萬物，沒有偏私，這也是可以做為君主推行教化的準則。

名句的故事

孔子的學生中，最富有的子貢向孔子詢問「貴玉而賤珉的原因」？孔子指出「玉」的幾項特質與君子修身的德行相仿，所以玉優於美石（珉），而得到君子青睞民。

首先，玉的光彩並不奪目，而是溫潤柔和，正如君子的仁德一般；再者，玉的紋理堅實細密，象徵君子內斂的智慧，細膩而周全；玉碎的稜角不銳利傷人，與君子之義同，剛正且存仁愛之心；另外玉的重量、外觀、敲擊的聲響等等都能象徵君子仁愛、忠信、謙遜的好品德，孔子進一步談到，「詩、書、樂、易、禮、春秋」的教化在一國之中的表現如何。

從對於「玉」的觀察到禮教的體現，學習君子之道，再深入闡釋天地萬物運行的法則中，已經傳達出君子修身之道，正所謂「無非教也」，孔子提醒學生應當引以為念，謙虛學習才是！

歷久彌新說名句

古代君子談到「玉」，就會想到《詩・秦風・小戎》中提到的「言念君子，溫其如玉」。玉的溫潤色彩，「瑕不掩瑜，瑜不掩瑕」美感，正體現君子追求的美好德行，進而聯想到君子的世界觀，一種虛心向天地學習、和平共存的世界觀。「春夏秋冬，風雨霜露，無非教也」是一種向大自然學習的生活哲學，從孔子的口中說出更具說服力。

天地是仁愛的教師，以仁化民，君子治國像天一樣，德風掃過，雨露均霑，天地萬物均在「德治」的潛移默化之下，順服的依循著天道法則而運行，天地萬物，皆是有道，有道則可以為教了。

孔子也曾說：「天何言哉！四時行焉，百物生焉，天何言哉！」天雖不言而萬物四時，仍然依序運行，也是天理所當然者。古代的誓言中，常有如果不遵守則「五雷轟頂」、「天打雷霹」等與雷電有關的辭彙，由此可見，雷電在古人的心中，正是「天之申威也」的一種現象。

君子修身養性，深諳天道，加上有如玉之德的自身修養，眾人都以君子之德為尚，從而仿效之，則天下一片祥和的世界，正是孔子念茲在茲的理想境界。

有物將至，其兆必先

名句的誕生

清明在躬[1]，氣志如神，有物將至，其兆[2]必先。是故天地之教，與聖人相參。

～孔子家語．問玉

完全讀懂名句

1.清明在躬：清，清靜；明，爽朗；躬，指身體。清明在躬指的是神志清靜爽朗。

2.兆：預兆、吉兆。

聖賢仁人身上有清靜光明之德，神志清靜明朗，深知天地運行之道，任何事物降臨之前，必先顯露預兆。因此天地無私的教化，正與聖人推行的教化相互配合。

名句的故事

子貢聰敏好學，可以「聞一知二」、「告諸往事而知來者」，而且能夠躬行自律。孔子針對子貢的提問，進一步地由君子貴玉的緣由，談到聖人與天地之教化的連結，提供子貢更明白君子聖人之道。

《論語》記載的弟子與孔子的問答，以子貢最多。子貢有較強的從政傾向，經常向孔子詢問從政之事。孔子曾經稱讚他是「瑚璉」。「瑚璉」是殷商時期國家舉行祭祀所用的貴重器具，孔子對子貢這樣的稱讚，一方面說明子貢可以成為一個治國的重臣，另一方面，又因為瑚璉是殷商時所用的，而子貢身處春秋時代，此言含有對子貢懷才不遇的感慨。

歷久彌新說名句

古人常說天道仁心，會以徵兆示於人，有言：黃河有水變，聖人便會出生，江河裡群龍現形，便有聖人興起。

孔子談到君子的品德如玉的特質一般，溫潤而有光彩，繼而有感而發，論及天道運行之理，必以徵兆顯露即將到來的事物，聖人君子之所以為聖人，在於樂天知命而已，遇到困難的時候能夠不怨恨，因為事先已有徵兆示之，聖人做好因應之道的準備，謙遜處之，他的地位可被排擠，但他的名聲卻不可被剝奪。聖人能堅持操守而不放棄。

然而，像孔子這樣的大聖人，在禮樂制度的範圍內行揖讓之道，也不能遏止周道衰敗，孟子、荀子分別繼承孔子學說，從容追求正道，然而也不能挽救周道的最終衰敗，天下終於陷溺於亂而不能救援。

憑著孔子這樣的才幹，卻不能在魯衛做大事；孔子這樣的口才，其言論卻不能在魯定公、魯哀公之世推行；孔子這樣的謙恭，竟然遭到楚令尹子西的猜忌；孔子這樣的聰慧，卻在陳蔡遭到困厄；孔子這樣的品行，卻遭致叔孫武叔的毀謗。

孔子之道足以拯天下，卻不能讓人尊重自己；孔子之言足為萬世網紀，卻不能被當時之人所信仰；孔子之行足以同神明相應，卻不能在世俗間發揮力量；孔子受到七十國國君的聘問，卻找不到一個賢明的君主；周遊列國來回奔走，在公卿之門飽受屈辱，卻不能獲得聖君的禮遇。

儘管孔子眼前的現實如此不堪，聖賢如孔子，還是選擇相信天理仁德，自持修身之道，以完成自身的天命啊！

言而可履，禮也；行而可樂，樂也

名句的誕生

言而可履[1]，禮也；行而可樂，樂也。聖人力此二者，以躬[2]己南面[3]。

～孔子家語．問玉

完全讀懂名句

1. 履：實踐。
2. 躬己：親自。
3. 南面：古代坐北朝南的方向為尊位，因此天子或諸侯在面見群臣時，都是南面而坐的。南面指在位者之意。

言行之間都能合乎禮的節制，明白人我之間的分際，藉以相處而安，才是禮的真義啊！舉手投足之間都能發自內心合乎樂的天道和諧，才是樂的真義啊！所以聖賢仁人能明白禮樂的性質，才能制禮作樂，自己存恭敬之心，威居高位而以禮樂治天下。

名句的故事

子張在孔門之中與子遊同為善禮者，但是他比較注重的多是出於禮制的奉行，而非內心的觸動，因此被孔子所批評。

孔子在這段對話裡指出禮樂之道不在於儀文、度數、聲容、節奏等表象的細節，而在於修身、言行之間，發自內心的體現禮樂的節制合宜。

古人說：「履者，禮也」人的行動要受到禮的節制，不然就會胡作非為，這就是禮。禮字即有「人生所應踐履或履行的一切」的意義。也就是說，物資蓄積後，就要制定禮節，因此將「履」解釋為「禮」。古人也說：「禮，履也」。意思就是說禮是用來實踐的，有躬身踐行的意思。

歷久彌新說名句

古人常以禮樂對舉而論，禮，是體現於外表，形成禮儀制度；樂，是產生於內心，能夠潛移默化，兩者是一體兩面，都是合乎正當的道德內涵的體現。

據《說文解字》記載：「禮，履也，所以事神致福也。從示從豊。」因此，禮是會意字，從示，從豊。豊字從豆象形，古代祭祀用的器，用於事神就叫禮。所以，禮最初始的意思是舉行儀禮，祭神求福。

樂是由內心產生，而禮則體現於外表。樂是由內心產生能夠潛移默化，影響人心；禮則體現於外表，所以形成禮儀制度。

古之聖人認為最好的樂必定平易近人，最好的禮必定簡樸宜人。聖人施禮樂於民，有其教化之意，期待讓好的音樂通達內心，則民眾沒有怨恨；將優雅禮儀行於民間，則人民之間處世合宜，沒有衝突。

所以，樂影響人的內心，禮端正人的外表；樂使人平和，禮使人恭順，受禮樂教化之民，內心平和而外表恭順，人們看到這樣的氣度神情就不會同他爭鬥，聖人以德性的光輝使人景仰而恭順。

聖人詳審禮樂的道理，再把它們付諸行動，天下就沒有難事了。我們雖非聖人，但秉持禮樂之道，行走天下必能得到助力。

王者不滅國，霸者無強敵

名句的誕生

王者不滅國，霸者無強敵。千鈞[1]之重，加銖兩[2]而移。

～孔子家語．屈節解

完全讀懂名句

1.千鈞：鈞，古時秤量的單位，一鈞等於三十斤。千鈞形容極重。

2.銖兩：銖，古代計算重量的單位，二十四銖為一兩。銖兩形容極輕。

王者不會讓弱小的國家滅亡，霸者沒有強大的敵人。極重的東西，只要稍微增加重量，就能改變重心，讓物體移動。

名句的故事

齊國田常想要作亂，但忌憚國內鮑、晏兩家卿大夫的力量，就把兵力拿來攻打魯國。孔子聽聞這件事，就派子貢出使。子貢出發到齊國向田常遊說：「你想從魯國獲得戰功實在有困難，不如轉移兵力攻打吳國，就很容易得到戰功。」田常對他的說法很不高興，子貢解釋道：「內部有憂患，攻打強國才能獲得功勞；外部有憂患，攻打弱國就可獲得功勞。我聽說您三次被封賞，但三次都被阻撓。若您又打勝仗，功高震主，國內大臣也會忌妒您，辛苦戰勝卻沒有功勞，您的地位將很危險啊！」田常說：「你說得很好！但我的軍隊已到魯國邊境不可更改，這該怎麼辦呢？」子貢說：「您讓軍隊暫緩攻擊，我替您向吳王遊說，使他救魯攻齊，您就可順勢派遣軍隊迎擊吳軍。」

田常答應後，子貢就出發到吳國遊說夫差：「『王者不滅國，霸者無強敵』，現在齊國想併吞魯國，和吳國爭強，我非常替您擔憂啊！您如果發兵救助魯國，不但可以顯示您的威名，讓魯國對您感恩戴德；討伐暴虐的齊國，亦可使晉國對您臣服，實在非常有利啊！您出兵的名義是維護魯國，實際卻是困住齊國，有智慧者都不會懷疑這麼做啊！」子貢以「王者不滅國，霸者無強敵」來激勵夫差出兵，他想要建立王業，就該維護弱國的生存；抑或建立霸業，就不該畏懼強大的對手。無論稱王或稱霸，出兵救魯攻齊，是吳王夫差不能迴避的選擇。

歷久彌新說名句

「王者不滅國」亦見於《論語．堯曰》：「興滅國，繼絕世。」邢昺《疏》白話是這樣說道：「諸侯之國，被人用非正當理由滅亡的，就再度將之復興；賢者當世負責祭祀的子孫，被人用非正當理由斷絕的，就派遣子孫中賢能的人繼承祭祀。」朱熹的《四書集注》與邢昺不同：「興滅繼絕，說的是周朝封賜黃帝、堯、舜、夏、商後代之事。」考諸歷史，皆有支持的例證，《孔子家語》的「王者不滅國」宜作字面意義解釋，不必太過拘泥於故實。

關於「王」、「霸」的分別，可引孟子的話來說明，假借仁義之名實則憑藉武力的叫做「霸」，想要稱霸一定要有大國的實力；以己之德推行仁政的叫做「王」，想要稱王不必是大國，像商湯憑藉七十里土地發跡，周文王憑藉一百里土地發跡。用力量屈服他人，對方心中並非真服氣，只是力量不足無法抵抗；用道德折服他人，則使對方心悅誠服。王道的推行用仁德，保護弱國生存的權利是分內之事；霸業的建立用武力，不管任何頑強的敵人都必須將之摧毀，自然目無敵手。「德」、「力」的差異，正是「王」、「霸」的差異。

勇者不避難，仁者不窮約，智者不失時，義者不絕世

名句的誕生

勇者不避難[1]，仁者不窮約[2]，智者不失時[3]，義者不絕世[4]。

~孔子家語．屈節解

完全讀懂名句

1. 避難：逃避危險。
2. 窮約：困窘。
3. 失時：錯失時機。
4. 絕世：斷絕世系。

勇敢的人不會逃避危險，仁愛的人不會使人困窘，有智慧的人不會錯失時機，有道義的人不會讓人家的世系斷絕。

名句的故事

此則名句承續上則子貢為解魯國之危，出使到吳國說服夫差攻齊救魯，夫差有些意動，但仍心存猶豫，他對子貢說：「你說得很好，但我曾圍困越國，越王現在刻苦自勵，供養大批賢士，有報復我的心思。你先等待我攻下越國，再如你所言。」

子貢說：「越國的力量不會超過魯國，吳國的強盛也不會超過齊國。如果您擱置齊國而攻打越國，齊國一定會將魯國占為己有。大王您正打出『存亡繼絕』的名義，卻放棄齊國而討伐弱小的越國，這稱不上勇敢啊！『勇者不避難，仁者不窮約，智者不失時，義者不絕世』。現在大王如果保存越國，向天下顯示您

的仁心，討伐齊國救援魯國，威逼晉國，諸侯一定接連著來向您表示臣服，這樣您的霸業就盛極一時了。而且大王您還忌憚越國的話，讓我為您去說服越王，令他跟您一道出兵，實際上損害了越國的國力，名義上是跟隨諸侯討伐齊國。」這些話語都是子貢用來激勵吳王出兵，為他喊出的冠冕堂皇的口號。

歷久彌新說名句

《越絕書》也可見這段記載「仁人不困厄，以廣其德；智者不棄時，以舉其功；王者不絕世，以立其義」，仁人不會使人困厄，以推廣他的德行；智者不會放棄時機，以建立功業；王者不會坐視別人的世系斷絕，以樹立他的道義。

子貢又繼續勸夫差說道：「今君存越勿毀，親四鄰以仁；救暴困齊，威申晉邦以武；救魯，毋絕周室，明諸侯以義。」現在您保存越國不要將之摧毀，用仁愛親近鄰國；拯救被暴力相向的國家，困住齊國，用武力把您的威勢延伸到晉國；救援魯國，不要使周室的血脈斷絕，向諸侯申明道義。

劉向《新序．雜事四》曾細數齊桓公的功績：「三存亡國，一繼絕世，尊事周室，九合諸侯，一匡天下，功次三王，為五伯長。」

「三存亡國」指邢國、衛國、杞國曾被狄、夷攻擊幾近亡國，為齊桓公出兵拯救，並為他們遷都築城。

「一繼絕世」指齊桓公立魯僖公一事。魯莊公死後，沒有嫡嗣，只有庶出的般、申、開三個兒子，莊公的弟弟季友立般為國君，卻被莊公另一個兄弟慶父所殺；慶父立開為閔公，不到兩年又將其殺害，想自立為國君；齊桓公聽說慶父和魯莊公的正妻哀姜私通作亂，哀姜是齊女，於是將她召回殺掉；莊公三子只剩下申一人，於是季友立為僖公。齊桓公因為輔助魯國平息內亂，故說他有「一繼絕世」之功。

美言傷信，慎言哉

名句的誕生

夫其亂齊存魯，吾之始願。若能強晉以弊吳，使吳亡而越霸者，賜之說也。美言[1]傷信，慎言哉！

～孔子家語．屈節解

完全讀懂名句

1. 美言：好聽的話。

使齊國發生混亂，從而保全魯國，是我最初的願望。若能使晉國強大、吳國衰敗，使吳國滅亡、越國稱霸，是子貢遊說的結果。好聽的話傷害誠信，說話要謹慎啊！

名句的故事

承續子貢為吳王夫差出使越國的故事，越王句踐鄭重地到郊外迎接，並且親自為他駕車，途中句踐小心翼翼詢問子貢：「越國是個偏遠蠻夷之國，先生您委屈自己來到這個地方，有什麼事指教嗎？」子貢說：「我說服吳王救魯攻齊，吳王心動卻忌憚越國，說一定要先打下越國才肯聽從我的意見，越國破滅是必然的事。沒有報復人家的念頭卻讓人家懷疑，是太笨拙；有報復人家的念頭卻讓人家知道，那就危險了；還沒發難就讓先人聽聞，是不安全的。這三者是做大事的忌諱。」

句踐說：「我兵敗會稽之後，這份傷痛時時刻刻折磨著我，日夜想著報仇想到口乾舌燥，我只願能跟吳王同歸於盡。幸好先生將利害得先告知我。」

子貢說：「吳王為人剛猛殘暴，群臣都不能忍受，國家也疲弊不堪，現在正是報復吳國的好時機。若大王能發兵幫助吳王，迎合他的心意，他一定會先伐齊。如果他打敗仗，那是大王您的福氣；如果戰勝，他一定會將兵力轉向晉國，到時我會向晉王遊說，請他和您合力攻打吳國。吳國的精銳連續在齊國、晉國消耗光，您就可趁他最疲弊的時候制伏他。」句踐出三千兵卒跟隨吳王，吳王果然伐齊，戰勝之後，和晉兵在黃池相遇，越國趁機襲擊吳國，吳王不得不撤兵回防，和越國交戰，結果被越國消滅。

孔子知道結果之後，感慨地說：「我的初衷只是希望魯國得到保全罷了；使晉國強大、吳國破滅、越國稱霸，是子貢的功勞。然而『美言傷信，慎言哉』。」

「美言」指子貢遊說諸侯，專門順著他們的心意，說出似是為他們打算的言語；諸侯照著行動，結果不盡如人意，有傷誠信的原則；讓吳國覆滅，更是大大違背道義。故孔子希望子貢能節制自己的辯才。

歷久彌新說名句

《論語》孔門四科，子貢歸在「言語」之中；在《孔子家語．致思》孔子要弟子們自述志向，亦稱讚子貢「辯哉！」此則故事除了《孔子家語》之外，只見載於《吳越春秋》、《越絕書》、《史記．仲尼弟子列傳》，不得不令人懷疑其真實性，若果為真，則縱橫遊說之風不自戰國始，子貢實發其端。

修飾言詞為「美言」不盡然是不好的事，例如《法言》一書，有人問揚雄「良玉不雕，美言不文」的道理。揚雄反對這個說法，他說道：「玉不雕，璵璠不作器。言不文，典謨不作經。」玉如果不雕才是好的，那就不會雕成璵、璠等器具；言語不修飾才是好的，那《尚書》中的典、謨就不會成為經典。雕琢修飾，也有一定的貢獻啊！

親者不失其為親也，故者不失其為故也

名句的誕生

子路曰：「夫子屈節[1]而極於此，失其與[2]矣！豈未可以已[3]乎？」孔子曰：「吾聞之，親者不失其為親也，故者[4]不失其為故也。」

～孔子家語．屈節解

完全讀懂名句

1.屈節：委屈自己的節操。
2.與：類。
3.已：停止。這裡指絕交。
4.故者：老朋友。

子路說：「老師您委屈自己到極點，已經失去您原有的樣子了，難道還不可以和他絕交嗎？」孔子說：「我聽說，親人即使有些過錯，總還是還是親人；老朋友即使有些過錯，總還是老朋友。」

名句的故事

孔子有一個老朋友叫做原壤，他的母親去世，孔子打算幫他整理棺木。正當孔子在整理棺木時，原壤敲著棺木說：「我好久沒有把自己的心情用音樂表達出來了。」於是唱歌道：「棺木的紋路像狸貓的頭那樣，握著你的手非常柔弱啊！」孔子假裝沒聽到。子路認為孔子不該委屈自己到這種地步，應趁早與原壤斷絕交往，孔子卻回說：「親者不失其為親也，故者不失其為故也。」

喪事中應該保持哀戚之心，原壤卻唱歌抒發心情，這有違禮節，所以子路認為原壤是個不適格的朋友，孔子不必降低自己的人格與原壤來往。此事典出於《禮記．檀弓下》，孔穎達在《禮記正義》解釋道，孔子認為只要沒有大過錯，親人朋友都該繼續保持關係。怎麼樣才算是大過錯呢？孔穎達的答案是「殺父害君」之類的大過錯。

朱熹回答他的學生類似的問題，說道：「如果有不好的朋友，交情自然會疏遠，但應該慢慢疏遠，只要沒有大過錯，就不要一下子斷絕關係，這就是所謂親者毋失其為親，故者毋失其為故的道理。」

歷久彌新說名句

原壤之事在《論語》另有記載。《論語．憲問》：「原壤夷俟。子曰：『幼而不孫弟，長而無述焉。老而不死，是為賊！』以杖叩其脛。」原壤蹲踞等待孔子，孔子看到了，就罵他：「你小時候就不尊敬長上，長大後又無一德一行可讓人稱道。現在老而不死，活著給人當壞榜樣！」就用手杖敲他的小腿。

由《論語》和《孔子家語》的記載來看，原壤箕踞放浪形骸，母死叩棺而歌，不守禮法，與莊子妻死鼓盆而歌的形象幾無二致。孔子在《論語》中是用手杖教訓原壤，意圖使他改過，亦沒有遺棄原壤、斷絕來往的意思。

「無友不如己者」正是《孔子家語》中子路用來質問孔子的話，但這是說交友前要慎選對象，用朋友來輔助學習、砥礪德行；但是若自己的德行超過朋友的程度就將朋友拋棄的話，那聖人不就沒有朋友了嗎？所以《論語．微子》記載周公告誡他的兒子伯禽的話：「故舊無大故，則不棄也。」只要朋友沒有大過錯，就不隨意離棄他。

守道不如守官，君子韙之

名句的誕生

孔子聞之曰：「善哉！守道不如守官，君子韙[1]之。」

~孔子家語·正論解

完全讀懂名句

1. 韙：音ㄨㄟˇ，是、對的意思。

孔子聽到這件事之後就說：「好啊！與其遵守君命臣受的恭敬之道，還不如遵守自己官職上所應遵守的職責。有道德修養的人，都會認為這樣是對的！」

名句的故事

「守道不如守官」所要傳達的概念就是「與其遵守君命臣受的恭敬之道，還不如遵守自己官職內所當遵守的職責」。孔子之所以會有這樣的主張，原因是君主的命令為人臣子固然該遵守奉行，可是君主的命令，有時候會讓自己違反了官職內的職責，如此一來，臣下是否還要執行君主的命令呢？

就孔子觀點而言，當然還是遵守自己的職守。孔子以一個歷史事件來作說明。有次齊國國君在田獵時，欲召喚掌管山澤物產的虞人官吏前來，可是卻使用裝飾著五彩羽毛的旗子為信物（旌），而這樣的舉動實際上是不合禮制的。就先秦禮制而言，國君若要命令官吏前來謁見的話，會依不同等級的官吏，而使用不同的信物，象徵官吏的地位是有高低尊貴的差別。例如若要召喚的官吏是「大夫」等級的官吏，則是用「旌」為信物；如果是「士」等級的官吏，就要用「弓」為信物；召喚「虞人」等級的官吏，就要用皮革編成的冠帽為信物（皮冠）。然而，齊國國君召喚虞人官吏，卻是使用「旌」為信物，虞人見此信物，遂不前往。齊國國君抓拿虞人前來，但經過虞人一番解釋之後，遂將虞人釋放了。

此事彰顯了齊國國君對禮制的疏忽，也反映虞人遵守禮制與職責的高貴操守。因為虞人寧可放棄遵守君命臣受的恭敬之道，而仍然遵守自己官職上所應遵守的職責，因此孔子聽聞此事之後，以「守道不如守官，君子韙之！」這樣高評價來稱許虞人。

歷久彌新說名句

在「守道」、「守官」兩者之間，孔子堅決選擇後者，而「守官」這樣的精神，也一直為後世所繼承，例如唐太宗與褚遂良君臣之間，也曾討論過這樣的事情。

唐代曾設置「起居郎」與「起居舍人」兩種官職，專門用來記錄天子的言行。這樣的記錄，一般稱之為《起居注》。唐太宗時，大臣褚遂良擔任《起居注》的記錄史官，而唐太宗就曾詢問褚遂良說為人君主是否可以閱覽自己的《起居注》。褚遂良認為史官記錄人君的言行，依慣例君主不得擅自觀看。唐太宗又問如果我有不好的言行，你是否也會記錄下來？褚遂良引用了這句名言「守道不如守官，臣職載筆，君舉必書」與其遵守君命臣受的恭敬之道，還不如遵守自己官職上所應遵守的職責，臣下的職責就是秉筆直書，君主的一言一行，我一定會據實記錄。另外一位在旁的大臣劉洎也說即使褚遂良不據實記錄，還是會有其他人秉筆直書。唐太宗稱道說得真好。後來宰相房玄齡監修國史，唐太宗問他說為何《起居注》不許君主閱覽？房玄齡解釋史官記錄君主言行的原則所在，就是不虛美、不隱惡，就怕君主閱覽之後，會反過來干涉史官。

像褚遂良等人所堅持的精神，其實就是與「守道不如守官」的精神相符。

良史者，記君之過，揚君之善

名句的誕生

夫良史者，記君之過，揚君之善，而此子以潤辭[1]為官，不可為良史。

～孔子家語．正論解

完全讀懂名句

1.潤辭：以溢美之詞潤飾。

正直良善的史官，既會記錄君主所犯的過失而不會有所隱匿，也會記錄君主所行的善事而加以宣揚。可是這個人只會以溢美的詞藻，來文飾君王的所作所為，並藉此保有官位，像這樣的人，根本不是正直良善的史官。

名句的故事

「良史者，記君之過，揚君之善」這段名句，所要傳達的概念是「一個正直良善的史官，一定會秉筆直書，善惡並載，絕不隱惡揚善」。為了傳達這個重要概念，孔子於是以子革的故事來作說明。

春秋時的楚靈王非常驕奢，大臣子革在旁侍奉，史官倚相快步從旁邊走過去。楚靈王就對子革說：「這位倚相是個正直良善的史官，你要好好的對待他。他能夠通讀古代的各種典籍與文獻，是一位博學的史官。」子革於是就向楚靈王解釋，正直良善的史官，必須具備「記君之過，揚君之善」的特質，可是倚相卻沒有這樣的特質，他只會對君王的所作所為，用溢美之詞來潤飾，因此他並不是一位好的史官。

歷久彌新說名句

如果要用歷史人物，來作為「良史者，記君之過，揚君之善」這段名句的典範，莫過於齊太史與董狐兩人了。

春秋時齊國的權臣崔杼，殺死了齊莊公，齊國太史便將這事據實直書「崔杼弒其君」崔杼弒殺了他的君主。

崔杼聽聞之後大怒，便將太史殺死。太史的弟弟繼承兄職，仍舊秉筆直書「崔杼弒其君」。崔杼於是又將太史的弟弟殺死。太史的另一個弟弟承繼為史官之後，仍舊秉筆直書「崔杼弒其君」，崔杼於是又將他殺死。輪到太史的第三個弟弟承繼史官之後，仍舊秉筆直書「崔杼弒其君」，崔杼最後莫可奈何，終於不再干涉，任由他們記載了。

這時齊國還有另一外史官叫做南史氏，聽聞崔杼接連殺害史官的事情，恐歷史記錄失傳，於是便手持筆簡，前往紀錄。行至中途，聽聞崔杼最後罷手了，才欣然而返。

春秋時晉國大臣趙穿殺死晉靈公，當時晉國的當權者是趙盾。晉靈公被殺之後，趙盾於是迎立晉成公為君主，並沒有追究趙穿弒君的事。

晉國太史董狐認為這事應由趙盾負責，於是就在史冊上秉筆直書「趙盾弒其君」，即趙盾弒殺了他的君主。趙盾看了之後不服說：「我並沒有殺害君主，怎麼說我弒君？」

董狐說：「你身為國家重臣，君主被弒殺時，你躲藏起來，事後又不追討弒君的兇手，因此弒君的責任不由你負責，還由誰負責呢？」

宋朝文天祥〈正氣歌〉詩中所謂的「在齊太史簡，在晉董狐筆」說的就是這兩個人，而這兩人的事蹟，正是符合「良史者，記君之過，揚君之善」中「良史」的典範。

治國制刑，不隱於親

名句的誕生

叔向[1]，古之遺直[2]也。治國制刑，不隱[3]於親，三數叔魚[4]之罪，不為末[5]。

～孔子家語．正論解

完全讀懂名句

1. 叔向：姓羊舌，名肸（音同細），春秋時晉國的賢大夫。
2. 古之遺直：堅守正道，有古人遺風。
3. 隱：隱瞞、隱匿。
4. 叔魚：名鮒，晉國大夫叔向的弟弟。
5. 末：有些典籍作「末減」，意指稍微減輕。

叔向這個人，能夠堅守正道而行，真有古人的遺風啊！他在治理國家、執行刑法時，不會因為跟自己有親戚關係，就在執政、執法上為其隱瞞。他三次指控叔魚的罪行，不肯因為他是弟弟，就稍微減輕他的罪刑！

名句的故事

「治國制刑，不隱於親」所要傳達的概念就是：執政者或執法者，不能因為遇到有親戚關係的人，就對其開脫或給予利益。對於這個概念，孔子以叔向的例子來說明。

晉國的邢侯與雍子，因為封地邊界的問題起了爭執，兩人於是請掌管刑法判決的叔魚作裁判。由於雍子侵奪邢侯的土地，自認理虧，於是將自己的女兒送給叔魚。叔魚接受了賄賂，便判邢侯理虧。邢侯大怒，便在市集上將叔魚與雍子兩人殺死。晉國另一位大臣韓宣子，遂向叔向請問該如何判決。叔向認為這三人都犯罪了，邢侯應當處以死刑，而已死的叔魚、雍子兩人，也要陳屍示眾。

因為叔向指出雍子由於自知理虧，所以用賄賂的手段收買叔魚，這是他的罪行；叔魚改判邢侯理虧，是因為收受賄賂，這是他的罪行；邢侯擅自殺戮，這是他的罪行。換言之，叔向認為雍子奪取他人的土地，這是犯了罔顧國家法令的罪。叔魚貪贓枉法接受賄賂，這是犯了貪污的罪。邢侯逞兇殺人，這是犯了危害國家法令與社會安危的罪。這三種罪刑，都應該判決死刑。說完之後，叔向就依照這樣的判決，將邢侯處死，而將已死的叔魚、雍子陳屍示眾。

孔子認為，叔向這樣的作法值得稱許，於是用了「古之遺直」、「治國制刑，不隱於親」這樣的詞彙，來稱譽叔向。

歷久彌新說名句

與「治國制刑，不隱於親」這段名句互為表裡的成語，就是「大義滅親」。如果前者強調的是不能護短的概念，那麼後者就是強調公義大於私情的精神。歷史上「大義滅親」的典故，就出自《左傳》。

春秋時期，衛國的州吁殺死了哥哥衛桓公，並自立為國君。有一次，州吁驅使人民為其作戰，因而激起了民怨。州吁擔心自己的王位不保，於是和心腹大臣石厚商討對策。石厚就去問他的父親，亦即衛國的大臣石碏，如何才能替州吁鞏固他的統治地位。

石碏對兒子說：「諸侯即位後是否能穩固統治，應該要看他是否得到周天子的許可。如果得到周天子許可，他的地位就能鞏固。」

石厚說：「州吁是殺死兄長而謀得地位的，要是周天子不許可，不知如何是好。」石碏認為陳桓公很受周天子信任，陳、衛兩國又是友好邦國，如果請陳桓公幫忙，事情一定可成。於是州吁和石厚準備了許多禮物，一同前往拜訪陳桓公，卻被陳桓公反過來扣留起來。原來，這是石碏的安排。衛國大臣隨後派人去陳國，將州吁處死，而石厚因為是石碏的兒子，大臣們想要從寬處置，可是石碏派自己的家臣到陳國去將石厚殺了。

《左傳》認為石碏這樣的作為，就是「大義滅親」，而這樣的作風與「治國制刑，不隱於親」這段名句的精神，可說是互為表裡。

防怨猶防水也，大決所犯，傷人必多

名句的誕生

我聞忠言以損[1]怨，不聞立威以防怨。防怨猶防水也，大決[2]所犯，傷人必多，吾弗克救也；不如小決使導之，不如吾所聞而藥[3]之。

～孔子家語．正論解

完全讀懂名句

1. 損：減少。
2. 大決：大潰決所造成的損害。
3. 藥：醫治，此處指加以治理、解決。

我聽說接納忠言可以減少民怨，沒有聽過樹立威嚴可以防堵民怨。防堵民怨，就好像是防堵洪水一樣，洪水一旦潰決所造成的沖擊，死傷的人必定會很多，到時我是沒有能力來挽救的。與其如此，不如先開鑿小堤道疏導水流，避免洪水潰決。換言之不如在聽到民怨一開始，就先趕緊加以治理、處理來得有效。

名句的故事

「防怨猶防水也，大決所犯，傷人必多」是出自鄭國子產大夫的話，所要傳達的概念就是為政治國必須適時、適度的疏導民怨，絕不能防堵民怨，否則民怨潰決之後，將導致無法收拾的地步。

當時鄭國有一所鄉學，鄉學裡面的人，對執政者加以批評，於是當時主持政事的大夫然明，就想裁撤鄉學。同為鄭國大夫的子產，於是向然明表示為何這裡的鄉民，早晚閒暇無事就會去鄉學裡休憩談天，進而議論主政者的好壞。子產表示若在此聽到他們有好的評論，主政者可以加以推行，如果有壞的批評，主政者可以加以改革，所以鄉學是不應該裁撤的。接下來子產便用洪水來比喻民怨，指出如果執政者能夠接納忠言，就可以減少民怨，如果要採取防堵民怨的方式，一旦潰決後所造成的沖擊，死傷人數必定很多，到時就更難以挽回。

孔子聽聞了子產的言論之後，就表示如果有人說子產是不仁之人，他是不會相信的，可見孔子對子產的這段話極為稱譽。

歷久彌新說名句

「防怨猶防水也，大決所犯，傷人必多」雖然是春秋時期鄭國大夫子產的話。然而，他的話其實是有典故的。這典故出自《國語》，《史記》、《古文觀止》亦有選錄，一般稱為〈召公諫厲王止謗〉。

西周末年周厲王殘暴無道，老百姓紛紛責罵他。大臣邵公於是對厲王說百姓已不堪忍受你的暴虐政令。周厲王聽了之後勃然大怒，派遣衛國一位巫師，暗中監視指責自己的百姓，若經巫者告密，則將指責之人殺害，以達到殺雞儆猴的目的。因此，百姓們便不敢再公然批評周厲王，即使相遇於路上，也唯有以眼神互相表達內心的憤恨。

周厲王甚為得意向邵公說：「我能制止人民對我的毀謗，現在人民再也不敢非議我了。」邵公接下來的回答，就是上述名句子產所說的話。邵公解釋說：「你這樣做，不過是堵住人民的口。然而堵住人民的言論，遠比防堵河水氾濫來得可怕，如果河道因堵塞而造成潰決，就會沖毀很多人的性命與財產，防堵人民的言論，其後果會比防堵河水氾濫潰決更加可怕。」因此，善於治水的人，只能以疏導方式分散河道，而善於治民的人，只能廣開言論解決民怨。邵公進一步解釋君王處理政事，一定要讓人民能以言論表達內心的想法，執政者引為施政的參考方針，但周厲王始終不聽，三年之後，人民群起反抗，將周厲王政權推翻，放逐他地。

寬猛相濟，政是以和

名句的誕生

政寬則民慢[1]，慢則糾於猛[2]，猛則民殘[3]，民殘則施之以寬，寬以濟[4]猛，猛以濟寬，寬猛相濟，政是以和。

～孔子家語．正論解

完全讀懂名句

1. 慢：怠慢、輕忽。
2. 猛：指嚴厲的政策。
3. 殘：殘害、傷害。
4. 濟：原指救濟，此處有相輔相成之意。

政策過於寬鬆，人民就容易殆慢，人民一旦殆慢，為政者就會用嚴厲的政策來加以矯正。過於嚴厲的政策，人民就容易受到殘害，而人民一旦受到殘害，為政者就會用寬鬆的政策來矯正。用寬鬆的政策可以調劑嚴厲的政策，用嚴厲的政策也可以調劑寬鬆的政策，寬鬆與嚴厲的政策相輔相成，政治就會往祥和的方向發展。

名句的故事

孔子的這段言論，其實是針對鄭國大夫子產所發的評論。

春秋時鄭國大夫子產病危，於是就對同為鄭國大夫的子太叔說：「如果我死了，你一定會接替我來主持政事。然而你要記住，只有德行很好的人才，才能推行寬緩的政策，來使人民順從。再次一等的人才，就必須使用嚴厲的政策。這道理就好像火一樣，火是猛烈的，於是人們看到火就會畏懼，因火而死的人就會很少。但水是柔軟，人們就會輕忽，於是死於水的人就會很多。次等的人才，如果用寬緩的政策來治國，人民就會像看到水一樣，不會心生畏懼，但久了之後問題叢生，因此次等的人才，光用寬緩的政策來治國，是非常困難的。」

子產死了之後，子太叔接替執政，但他不忍心用嚴厲的政策治國，於是施行寬緩的政策。結果，鄭國的強盜越來越多。子太叔後悔自己應當聽從子產的話，鄭國就不會淪落到盜匪橫行這樣的地步。

就此事件而言，子產認為只有德行高超的人，才能用寬鬆的政策治國，而次一等的人，只能用嚴厲的政策治國。然而，孔子認為子產的話固然有理，可是施政總不能一成不變，既不能長期嚴厲，也不能長期寬鬆，必須要相互配合，相互調劑，方能「政是以和」。

歷久彌新說名句

歷史上最足以用來說明「寬猛相濟，政是以和」的例證，莫過於秦漢兩朝的更替。

秦國尚未統一六國之前，為與六國抗衡，於是秦孝公採用商鞅變法，秦法逐漸走向嚴厲苛刻的方向。此後，秦國兼併六國之後，從秦始皇乃至胡亥、子嬰，以致秦朝滅亡前，法律只有益加嚴苛，卻未見有鬆緩的現象，秦國百姓與六國遺民，往往為秦法的苛細所苦，於是天下大亂，各國遺民紛紛起義，反抗暴秦，最後演變為項羽與劉邦爭奪天下，史上稱為楚漢相爭。

在西元前二〇六年左右，劉邦率領部隊攻入秦國重要領地關中，在距離秦朝首都咸陽尚有十里的霸上駐紮。秦王三世子嬰在當了四十六天的秦王後，終於向劉邦投降。

劉邦進入咸陽後，原本想入住華麗的秦國宮殿，然而張良等人認為此舉將會失去秦國民心。劉邦最後接受建議，於是下令封閉王室宮殿，並派遣軍隊守衛王室宮殿與國家重要財庫，隨即將軍隊帶回霸上駐紮。

此外，劉邦為了深獲秦民人心，於是將關中各縣父老、豪傑召集起來，謹慎向他們宣布說：「秦國的嚴刑峻法，殘害秦國百姓已經百年以上，應該全部加以廢除。現在，我和眾位們立下盟約，只要大家遵守三條法律即可，其餘一併廢除。這三條是『殺人的要處死』、『傷害人的要抵罪』、『盜竊的要判罪』。」隨後，劉邦派出大批官吏，到秦國各縣、各鄉去宣傳他與秦國人民的「約法三章」。

秦國眾父老、豪傑們聽了之後相當歡喜，都表示願意擁護與遵守劉邦的「約法三章」，紛紛攜帶牛羊酒食，要來慰勞劉邦軍隊，劉邦堅決推辭。

由於劉邦陣營能夠堅持推行約法三章，遂得到秦國百姓的信任與擁護，甘心為劉邦使喚，而劉邦因此能夠有效利用秦國的人力與資源，與逐漸失去民心的項羽相互抗衡，終於在垓下之圍，潰敗了項羽的軍隊，建立了漢帝國。

由此看來，秦國以商鞅的嚴厲政策，逐漸蠶食六國，統一天下，但長久下來人民苦於苛細，而劉邦則全面廢除嚴厲的秦法，只有約法三章，用寬緩的約法三章來矯正嚴厲的秦法，於是得以建立漢帝國，這正足以用來說明「寬猛相濟，政是以和」的道理。

國有道則盡忠以輔之，國無道則退身以避之

名句的誕生

古之士者，國有道則盡忠以輔之，國無道則退身以避之[1]。

～孔子家語．正論解

完全讀懂名句

1.避：避禍遠害。

古代的士大夫，如果國家政治清明，就會竭盡忠誠去輔佐執政者，如果政治昏亂不明，就會退隱在野以避禍全身。

名句的故事

「國有道則盡忠以輔之，國無道則退身以避之」這段名句，所要傳達的概念就是士人要懂得明哲保身之道，因此對於所要輔佐的國家，一定要先觀察形勢，政治清明的話不妨輔佐之，但若政治黑暗動亂的話，就應該要遠身避之。為了說明這個觀點，孔子於是用齊國大夫鮑莊子的事來作說明。

鮑莊子是鮑叔牙的曾孫，並且侍奉齊國國君主持政事，他雖然能夠不屈不撓，也可算是忠臣，可是齊君最後卻砍掉他的雙腿。就這件事情而言，孔子認為古代的士大夫，若國家政治清明，就會竭盡忠誠去輔佐執政者；若政治昏亂不明，就會退隱在野，以避禍全身。如今鮑莊子在淫亂的朝廷中當官，未曾衡量過君主是否清明昏昧，是否值得輔佐，以致最後慘遭削足的酷刑。由此可見，他的智慧連「葵菜」都不如，因為葵菜還會用葉子來保護根部。

孔子所用來比喻的「葵菜」，是古人常採食的一種蔬菜，但古人摘取時只摘葉子而不會連根刨起，因為讓他的葉子繼續長大後，又可再次摘取而食。孔子利用這種特性，將「葵菜」轉化成懂得明哲保身的隱喻。

從孔子的比喻來看，他認為士人就要像「葵菜」一樣，懂得明哲保身，唯有保全其身，方能有所作為。在政治已經混亂的國家，隨時會遭受魚池之殃，不如退身避之，而這就是「國有道則盡忠以輔之，國無道則退身以避之」這段名句的精神所在。

歷久彌新說名句

「國有道則盡忠以輔之，國無道則退身以避之」這段名句，屢為後人引用，例如《史記》蔡澤就曾引用這句名言來勸誡范雎。

戰國時代秦國丞相范雎掌握朝政，秦昭王對其言聽計從。這時候燕國有一位叫做蔡澤的遊士也來到秦國。范雎派人召見蔡澤。蔡澤就說：「如果可以的話，你願意跟商鞅、吳起、文種那樣，同樣受不得好死的下場嗎？」范雎於是故意回答說：「有何不可！這三人本來就是仁義典範的極致，忠誠的最高標準，雖因此以身殉難，但卻能夠視死如歸。如果我要活著受辱到死，還不如學他們三人那樣，為節義死去而榮耀後世。」蔡澤接下來說：「商鞅、吳起、文種作為人臣，他們的所作所為，本來就是對的，但那些君主卻錯了！因為他們不像是周文王、周成王那樣賢能，更何況你現在所輔佐的秦昭王，他身邊的近臣跟他的關係極為親近，你能比得上他們嗎？再者，你現在的爵位雖然尊貴，但私家財產又遠勝他們，難道不會招來他們的嫉妒因而陷害於你嗎？」

接下來蔡澤就引用「國有道則盡忠以輔之，國無道則退身以避之」這句話，來告誡范雎，與其等到禍害來臨，不如先推辭相位以明哲保身吧！范雎聽了之後，相當稱許蔡澤的話，於是請他入座並待為上賓，遂向秦王辭掉相位，終得保全其身。

聖王之教，孝悌發諸朝廷，行於道路，至於州巷

名句的誕生

夫聖王之教，孝悌發諸朝廷，行於道路，至於州巷1，放於蒐狩2，循於軍旅3，則眾感以義死之，而弗敢犯。

～孔子家語．正論解

完全讀懂名句

1. 州巷：州閭、鄉里。
2. 放於蒐狩：「放」，音ㄈㄤˇ，至、到達的意思。「蒐狩」，古代稱春獵為蒐，冬獵為狩，為古代帝王春、冬兩季的射獵活動，此處泛指狩獵。

聖明君主的教化，可以先讓孝悌的道理在朝廷中醞釀施行，然後逐漸傳布到各地方上，以至於深入州閭、鄉里之間。即使在田獵中也可以被傳達到，在軍隊之中也可以沿用依循，而人民也會被這種孝悌的道理感化，至死不敢違背。

名句的故事

「聖王之教，孝悌發諸朝廷，行於道路，至於州巷」這段名句，所要傳達的概念，就是孝悌要先從朝廷君臣做起，如此才能逐步推行到地方，而不是要求人民躬行孝悌，而自己卻身免於外。

孔子曾經遍舉虞夏商三代為例來作說明，例如虞舜時代是非常提倡道德政治的時代，夏禹時代是非常重視爵位的時代，商湯時代是非常重視財富的時代，雖然三者所重視的各有不

同，但他們唯一的共同性，就在於同樣尊崇年長者，也就是重視孝悌的倫理。於是孔子認為當時的周代，雖然是重視宗族的時代，但是受到了虞、夏、商三代的影響，也一樣尊崇年長者，因此孝悌可說是一種由來已久的傳統。然而孔子更主張，推廣孝悌的起點，應該在朝廷的君臣開始，於是朝中的制度，有些就反映了孝悌的精神，如果遵守這些制度，就能達到「孝悌發諸朝廷」這句話的精神。

孔子進一步解釋何謂「孝悌發諸朝廷」，他認為政府的制度中，如果官爵相等，要先尊崇年長者。七十歲以後的人，在政府單位中可以拄著枴杖行走，國君若要詢問他們，就要替他們設置椅子。如果是八十歲以上的長者，就可以不用在朝廷任職，如果國君有事向他們諮詢，就要親自前往求教。諸如此類的制度，孔子認為都是具有孝悌的用意。

於是，孔子主張如果君王能夠從朝中躬行孝悌，那麼孝悌的美德就會像輻射效應一樣，逐漸擴散到他轄內的各地，而人民自然就會在地方上，力行孝悌的美德，有如風行草偃般。

歷久彌新說名句

周代以前是宗法（血緣）政治，因此只要是朝中比國君年長的人，多半是有血緣關係的長輩、兄輩。所以孔子認為只要國君「孝悌」自己的長輩、兄輩，那麼就會豎立起良好的典範，自然就會風行草偃、上行下效，也會使這種孝悌的風氣，傳達到各地方鄉里。

舉例而言，漢朝是以儒家精神立國的重要朝代，對於儒家所重視孝悌的精神，也極為重視與推廣。在制度上，漢文帝推行「孝悌」、「力田」、「廉吏」、「三老」等制度，讓這些官員深入地方，推行儒家的各種主張。此外，漢朝帝王的謚號，都會增一「孝」字，代表漢朝是以孝悌立國。

漢朝由於推行孝悌精神，成功深入民間，因此在東漢末期朝政敗壞時，仍然有一批極為重視孝悌的官吏，堅持正道而行，大力抨擊朝政，也才有後來的黨錮之禍。

損人自益，身之不祥

名句的誕生

夫損人自益，身之不祥；棄老而取幼，家之不祥；釋賢而任不肖[1]，國之不祥；老者不教，幼者不學，俗[2]之不祥；聖人伏匿[3]，愚者擅權[4]，天下不祥。

～孔子家語．正論解

完全讀懂名句

1.肖：不肖之徒。
2.俗：風俗。
3伏匿：隱伏藏匿。
4.擅權：專擅國家大權。

損人利己，對自己而言是不祥的；拋棄老人而只撫育小孩，對家庭而言是不祥的；拋棄賢能的人而任用不肖之徒，對國家而言是不祥的；年長的人不願教導，而幼小的人不願學習，對風俗而言是不祥的；聖賢的人隱伏藏匿，愚笨不肖的人專擅國家大權，對天下百姓而言是不祥的。

名句的故事

魯哀公與孔子之間的問答，主要內容都圍繞在為政之道，但有時魯哀公也會向孔子詢問有關天命鬼神、吉凶禍福之類的事。這段名句的語言脈絡，正是魯哀公向孔子詢問有關吉凶禍福的紀錄。

魯哀公認為如果在房子東邊增蓋房子，就會引來不吉祥的事。可是孔子不以為然，他認為只有五種作為，才會引來不吉祥的事。

第一種是損人利己，損人者人恆損之，所以對自己是不吉祥。

第二種是拋棄老人而只撫育小孩，由於棄老於不顧，所以將來孩子也會棄自己於不顧，這對家庭是不吉祥。

第三種是拋棄賢能的人而任用不肖之徒，於是朝政把持於惡人之手，這對國家是不吉祥。

第四種是年長的人不願教導別人，而幼小的人卻不願向別人學習，像這樣的話，社會風俗失去觀摩學習的機會，這對整體社會而言是不吉祥。

第五種是賢能的人隱伏藏匿，不願出來治理國家，可是愚笨不肖的人，卻往往專擅著國家大權，像這樣的話，他們一定會為非作歹，這對百姓而言是不吉祥。

從孔子的回答來看，很明顯孔子要魯哀公著重在「人事」之道，而非「鬼神」之道。只有掌握「人事」之道，深入各層面治理人民，政治方能步上正軌，如果僅是對天命鬼神、吉祥禍福之道在意，而棄人民於不顧的話，那麼所有不祥之事，都會因此衍生。

歷久彌新說名句

若就「損人自益，身之不祥」這句名言，所要透露的含意而言，其實與先秦儒家所強調「己所不欲，勿施於人」的精神，大抵是一致的。在《論語》中，孔子很早就以這句名言來教導學生，並進一步要求學生，絕對不可以損人以自益。而這樣的精神，一直受到後人的重視，也被視為修養自己品德的重要指標。

《世說新語》一書中，記載了這樣的一則故事。東晉名臣庾亮的車駕中，有一匹「的盧馬」，「的盧馬」相傳是一種不吉祥的惡馬，這種馬的額頭前端，至馬齒的地方，有一條白色紋路，如果奴僕騎乘的話，就會客死他方，主人騎乘的話，就會受到棄市之刑。因此有人建議庾亮把此馬賣給別人。

可是庾亮卻認為如果將這匹「的盧馬」賣掉，一定可以找到不知情的買主，可是這樣一來，不就將禍害轉嫁給那個買主了嗎？豈可因自己不利，就想將惡馬轉嫁給別人承擔。於是庾亮又舉了一例，提到春秋時有一位孫叔敖，幼兒時在路上看到兩頭蛇，傳說如果看到兩頭蛇的人一定會死。幼年的孫叔敖心想既然自己一定會死，不如打死兩頭蛇將牠埋葬，不要讓其他人再看到，以保護後來的人。庾亮認為年幼的孫叔敖都懂得這番道理，堂堂大丈夫又怎能損人自益，於是庾亮堅決不賣「的盧馬」。

從庾亮的所作所為而言，他就是不欲「損人自益」的絕佳典範。

富而不好禮，殃也

名句的誕生

富而不好禮，殃也。敬叔1以富喪矣，而又弗改。吾懼其將有後患也。

～孔子家語．曲禮子貢問

完全讀懂名句

1.敬叔：即南宮敬叔，為魯國大夫孟僖之子，後為孔子的門生。

如果人擁有財富而不喜歡遵行禮，這不啻是災難啊！敬叔因為過於富裕而喪失了官位，還不知悔改。我恐怕他日後會遭遇更大的災禍。

名句的故事

魯國的大夫南宮敬叔十分富有，因此而招惹魯定公的不快。他為了保命逃到衛國，衛國的諸侯卻勸請他回國去；敬叔只好準備了豐厚的財寶去朝見定公。孔子聽到這件事之後便說：「像這樣執著於財富的話，與其丟失了官位不如馬上變貧窮來得好。」

服侍在一旁的子游，不明白孔子所說的意思，便問道：「老師為什麼會這麼說呢？」孔子便解釋「富而不好禮」，根本是一種招致災難的態度。敬叔只知道向國君獻寶，卻不反省自己樹大招風才是惹禍的始因；所以，若不改過的話，還不如馬上變成窮光蛋，保全性命比較妥當！後來，孔子的話傳到南宮敬叔那裡，他於是前去拜見孔夫子，慢慢地懂得將財富布施出去，修正恃財而自我膨脹的態度。

在《論語・學而》中，子貢曾問孔子：「貧而無諂，富而無驕，何如？」孔子回答：「可也。未若貧而樂，富而好禮者也。」「無驕」只是消極的不作驕衿姿態，當然不如「好禮」的積極作為。在這裡「好禮」是知所進退，不過度擴張、宣揚的意思。一個擁有四海之財富的人，若沒有自覺到驕傲誇耀的惡習，的確會比一般人更容易招來禍端。

歷久彌新說名句

在《左傳》的記載中，齊國大夫慶封富可敵國，驕奢縱樂，遭親信反叛逃到吳國後，因受到吳王賜爵賞封，又再次風光起來。魯大夫子服惠伯便向友人說：「天殆富淫人，慶封又富矣，穆子曰：『善人富謂之賞，淫人富謂之殃，天其殃之也，其將聚而殲旃。』」意即上天豈會無緣無故的讓奸邪之人富有？慶封現在雖然又發達了，但是善人變富裕是一種天賞，惡人變富裕反而是天罰。看著吧，上天就要降災禍給他了，慶封一族都會遭滅。果不其然，子服惠伯一語成讖，慶封一族沒多久就在戰事中，被楚王誅滅。

富而不好禮的相反，當然就是富而好禮了。在越王句踐復國的故事中，范蠡是頭號功臣。他領受了封賞後，知道句踐可以共患難不能同享福；於是散去家財，變換姓名，偕同妻子旅行到齊國的海邊定居。他在當地墾荒、作買賣，沒幾年就成了大富豪。齊國君主特地邀請他到臨錙，欲封他作宰相。范蠡看出這些榮耀背後的禍患，又再次將財產分散給人，帶著族人遷徙到陶地定居。由於他經商有術，很快再度富甲一方；後來還被當地居民奉為財神與經商之神。歷史上說范蠡是「忠以為國，智以保身，商以致富，成名天下」；他坐擁名聲與財富，但從不得意忘形，反而更加樂善好施、懂得急流勇退。故而，他既能圓滿的生活於世，又能在青史上留名，正是一舉而數得！

謀人之軍師，敗則死之

名句的誕生

凡謀人之軍師，敗則死之；謀人之國邑，危則亡之，古之正也。其君在焉者，有詔則無討[1]。

～孔子家語．曲禮子貢問

完全讀懂名句

1.無討：不施加處罰。

凡是替國家謀畫軍事策略的人，若失敗了就該殉身；替國家謀取土地、都城的人，若遇到危困就該與之共存亡，這從古以來就是理所當然之事。但這些事若是由君主策劃，又有君主的詔令，那臣子就不該受到處罰。

名句的故事

這句話出自一則孔子師生之間對史事的評論。子路問孔子：「臧武仲率軍和邾國之人大戰於狐駘，他戰敗，而且軍隊有所傷亡，卻沒有遭到處分。古代法制是這樣的嗎？」

子路問的是一場發生於春秋時期襄公四年的戰爭。當時魯國與鄫國有姻親關係，因此莒國聯合邾國攻打鄫國時，魯國就派大夫臧武仲率軍救鄫，但他出師不利，吃了大敗仗。這場戰爭死傷慘重，魯國的婦女紮起了髽（治喪期的髮型）。《左傳》記錄了流傳民間的歌謠：「臧之狐裘，敗我於狐駘，我君小子，朱儒是使，朱儒朱儒，使我敗於邾。」朱儒就是指臧武仲，因為他個子十分矮小的緣故。只見民間罵聲連連，卻不聞臧武仲為戰敗受罰。

孔子針對這件事作了分析。按理而言軍師和將領在戰爭失利時，應該要負起責任，甚至以死謝罪；這是自古以來的常理。但這場戰爭若是由君主策劃、下詔打仗的，而不是臣子自己請命的，那後者就不必一定要為戰敗付出代價。言下之意，即臧武仲若是被指派的，那他要負的責任就有限；反之，他就該殉身或受罰。所以，追究軍事責任，還是得由事情的來龍去脈做判斷才恰當。

歷久彌新說名句

「謀人之軍師，敗則死之」這是高度自我要求的精神，參謀者把自己的生命與成敗繫在一起，這就是講道義的真誠態度。

《禮記．曲禮》云：「國君死社稷，大夫死眾，士死制。」意思是君主要與社稷共存亡，大夫要與百姓共存亡，士則與他領受的詔命共存亡。古語也有「文死諫，武死戰」之說，文官要為諍諫負責而死，武官則要有為戰爭負責而死的覺悟；這都是以性命相搏、嚴謹戒慎對待職務的意思。

《舊唐書》曾批評過戰敗後苟且偷生的將領。哥舒翰是唐玄宗的名將，在安史之亂期間，他在國境內外打了不少仗。天寶十五年，哥舒翰率眾與安祿山的將領崔乾祐大戰，慘敗之後帶了幾百名輕騎逃脫，又被安祿山抓了起來。哥舒翰為了保命，索性就變節投降。

寫史書的人說：「《禮》曰：『大夫死眾。』又曰：『謀人之軍師，敗則死之。』翰受署賊庭，苟延視息，忠義之道，即可知也，豈不愧于顏杲卿乎！」唐將顏杲卿在戰敗後，是瞠目大罵安祿山而被處死，相較之下，哥舒翰就顯得少了骨氣、少了忠義之心。雖說生死乃人生之大事，要將領戰敗就赴死，未免失之殘忍；但這是看什麼位階就要負什麼等級的責任問題。居高位者用高道德標準要求自己，他成就的正是道義與端正之風氣。

與其敬不足而禮有餘，不若禮不足而敬有餘

名句的誕生

故夫喪亡[1]，與其哀不足而禮有餘，不若禮不足而哀有餘也；祭祀，與其敬不足而禮有餘，不若禮不足而敬有餘也。

～孔子家語．曲禮子貢問

完全讀懂名句

1.喪亡：指過世的人，亦可指喪禮。

所以關於對待喪葬死亡，與其哀悽之情不足夠而禮節周到，不如禮節不足夠而哀悽之情有餘；關於祭祀這件事，與其恭敬之心不足夠而禮節周到，不如禮節不足夠而恭敬之心有餘。

名句的故事

古人常謂養生送死乃頭等大事，當然在殯葬、祭祀方面，也就衍生出許多相應的禮節。本篇名句出自於子游請教孔子，送葬時該準備哪些東西才合宜？孔子回答：「相稱於家裡的財力就好。」子游又問：「這種相稱有沒有一個標準可循呢？」孔子於是說：「家裡就算有錢，喪葬品也不要準備過了頭；若家裡貧窮，那麼只要將亡者的身體遮蓋好，封棺，不用墓碑也不套禮，親手將之放入墓穴，再仔細蓋上泥土；若能如此，又有誰敢說這樣不合禮法呢？」

因此，形式化的禮節、可見可數的喪葬品或祭品，之於葬禮和祭祀都不是最必要的部

分。辨喪葬之事，與其多禮不如哀悽；辨祭祀之事，與其多禮不如虔誠恭敬，這是因為人的心意才是最重要的事情，其餘的繁文縟節倒是其次了！

子游想問孔子的是關於喪禮之合宜尺度的問題，而孔子認為談尺度還是太外圍了點，喪葬與祭祀的核心，在於生者的真情與真誠。若能顧全這兩點，禮法也就自然而然的合宜了，並不需要額外多花錢去強求不適合自家財力的排場啊！

歷久彌新說名句

在《論語・八佾》中，林放曾問孔子何謂「禮之本」？孔子稱讚這是「大哉問」後，便說：「禮，與其奢也，寧儉；喪，與其易也，寧戚。」意思是說，禮數與其要做到繁奢的地步，還不如簡約；喪葬與其按部就班的進行，還不如流露哀悽之情來得重要。「奢」與「易」都不是禮的本質，當然「簡」與「悽」也不是；這些外在表象皆非「禮之本」。然而，當一個人能以誠敬之心備禮或送葬，那他就接近那個「本」了，其所做的舉動大致都會是合宜的。

「祭思敬，喪思哀」這一組觀念，後來也可以說成「喪貴致哀，禮存寧儉」，或者「喪易寧戚，禮奢寧儉」。雖然夫子常強調，禮主敬，排場的繁雜豪華不是必要條件；但人總是不免有好面子的心態，又多少覺得祭品愈豐盛、儀式愈盛大，那麼得到的庇佑也會愈多。

《論衡》曰：「凡祭祀之義有二：一曰報功，二曰脩先；報功以勉力，脩先以崇恩也。」這話說得很好，祭祀的繁文縟節是為了讓祭祀者與觀看者能在過程中體會義理而設。

向上天及先祖報功，有薪火相傳、延續榮譽心之意；崇敬祖先又有飲水思源、繼往開來的意義。所以，祭禮主敬而不主奢華的道理也是如此。

知事人者，然後可以使人

名句的誕生

夫知為子者，然後可以為父；知為人臣者，然後可以為人君；知事人者，然後可以使人[1]。

～孔子家語．曲禮子夏問

完全讀懂名句

1.使人：差使別人。

知道如何做好兒子的人，然後才能當人家的父親；知道如何做好臣屬的人，然後才能勝任做人家的君主；知道如何侍奉別人，然後才能合理的差使別人。

名句的故事

子夏問孔子說：「古書上記載，周公攝政時，曾用如何做好太子的禮儀去教育成王，這是真的嗎？」意思是認為成王當時都已經即位了，周公卻還把他當成太子在教育，這其中有什麼用意嗎？

孔子回答說：「成王繼位時，年紀還小，無法處理朝政；周公代替他行使王權，天下於是大治。為了將來成王親政後，天下也能長治久安，周公便對自己的兒子伯禽實施太子教育，希望成王觀看後，能瞭解其中的道理。世子雖是未來的王，但此刻他有父長在，因此他要做好兒子的角色；又父長亦是他的上司或君王，所以世子要扮演好臣子的角色；最後，由於他年紀比別人都小，也得學習長幼有序的道理。這就是『行一物而三善皆得』，事半功倍啊！」

換言之，讓幼小的成王觀摩世子之禮，暫居學生之列，是為了使他能在兒子、臣屬和晚輩這些角色間，學習如何侍奉父親、君王和長者。唯有如此，他將來才能成為人家良善的尊長。周公也許有僭越君臣分際的舉動，但是孔子評論說：「假若犧牲自己能對君主有益，那麼人臣就要毫不猶豫去做；更何況是藉由使自己尊顯，而讓君王的人格變得更完美？這本來就是周公最擅長做的事啊！」

歷久彌新說名句

有道是，從基層做起的主管，才能瞭解部下的辛勞和難處；曾當過媳婦的婆婆，才懂得新婦的種種困窘和委屈。既然瞭解，就不會去過度使喚、為難人家，這就是「知事人者，然後可以使人」的意思。

在「事人」與「使人」之間，有著權力與支配的關係，這是個人德性修養見真章的時候，古人亦在這方面做了不少討論。《論語．子路》中，孔子說「君子易事而難說也」、「及其使人也，器之」；而「小人難事而易說也」、「及其使人也，求備焉」。意思是君子容易侍奉但是很難取悅，當他差使人的時候，會衡量對方的能力和情況而用。小人反而是很難侍奉但容易取悅，當他要差使人的時候，總是處處挑毛病、動輒責備。

在這裡，君子與小人的差別是，前者能體諒人，而後者只懂得隨順一己的脾氣。在「使人」之時能體諒人，我們可以把它看成是因為自己「事人」的經驗起了作用。既然知道箇中的難處，也就能合理的使喚人。

魏徵在《論治道疏》提到，若「君使臣以禮」，那麼「臣事君以忠」是自然之事；臣下不會有「遇小事則變志，見小利則易心」的情形發生。要使君主懂得施禮於下士，光憑觀念的灌輸是不足夠；回想周公對成王的「世子教育」，不得不佩服真是明智之舉。

孝子不順情以危親，忠臣不兆奸以陷君

名句的誕生

送而以寶玉，是猶曝屍於中原也！其示民以姦利之端，而有害於死者，安用之？且孝子不順情1以危親，忠臣不兆姦2以陷君。

～孔子家語．曲禮子貢問

完全讀懂名句

1. 順情：順著情感而行事，即感情用事之意。
2. 兆姦：偏頗不正的行為表現。

送給他這些寶玉，無異於把他的屍體暴露在野外啊！這是向百姓示範不正當之利益贈與的開端，又對於死者有害，何必這麼做呢？況且孝子不該因為感情用事而使父親受到危害，忠貞的臣子不該以偏頗的行為表現而陷害君主於不義！

名句的故事

魯國的大夫季平子過世，政府高層的人決定用君主配戴的寶玉作為陪葬品，另外再贈與一批珠玉作為辦喪事用。孔子才剛當上魯國中都的執政，聽聞此事，不顧禮節立刻奔上階梯制止。

孔子的理由是，那些珠寶過於搶人耳目，況且還不符合季平子的身分。國家若是做了這件事，等於是開了一個不良風氣的先例，此後人民都會以逾禮的喪葬品作為追求目標，成為謀取利益、行偏邪之事的肇端。如此一來，國家欲厚葬季平子的美意，反而令其在死後成為社稷的罪人！

因此，孝子不該在感情用事之下，做出危害親長的事；臣子也不該在欠缺考量的情況下，以偏頗的行為表現讓君主陷身於不義。即使國人哀傷於季平子之死，又感念於他生前的功績，也不該因為這種情緒，就餽贈給不合季平子禮數的利益。一切都應該依禮行事，才不會使得美意變質為惡意！

歷久彌新說名句

現代人十分注重養生和保健，當子女要替父母的飲食健康把關，隨時隨地制止他們吃高熱量、油膩和過甜的食物時，「孝子不順情以危親」就很能形容這些作子女的人的心情！

關於「忠臣不兆奸以陷君」，歷史上有這麼一則發人深省的故事。在春秋戰國時期，楚國有個名為司馬子反的大將。有一年，楚恭王與晉厲公的軍隊大戰於鄢陵。司馬子反從戰地返回帳營，覺得十分口渴，就向隨侍的僕人穀陽要水喝。穀陽端來了酒給他主人，司馬子反說：「不要！這是酒！」穀陽回答說：「這不是酒呢！」司馬子反又說：「不！這是酒！」穀陽仍舊說：「不！不是酒呢！」如此推卻三次後，司馬子反也就把酒喝了下去。這一喝便喝醉了，沒辦法上戰場了。

楚恭王派人來催司馬子反回到前線，這大將卻回覆說身體不太舒服。楚恭王覺得很奇怪，於是親自前來察看。不料他一入司馬子反的帳營，就聞到濃濃的酒臭味，便大怒說：「今日之戰，成敗都繫於你一人身上，你卻不顧國家安危，逕自喝起酒來！這場戰還能打嗎？」說罷，就將司馬子反處死，班師回朝了。

《說苑》評論穀陽的行為，是「愛之而適足以殺之」。他端酒給主人，本是出於一種縱容的關愛，沒想到反而害主人喪命。因此，「小忠，大忠之賊也；小利，大利之殘也。」這話算是說得很中肯了！

國家圖書館出版品預行編目資料

孔子家語：中文經典100句／文心工作室編著. -- 初版. --
臺北市 : 商周出版，城邦文化出版：家庭傳媒城邦分公司發行；
2010.11　面：　　公分.--（中文經典100句；23）

ISBN 978-986-120-396-6（平裝）

1.孔子家語　2. 注釋

121.2　　　　　　　99020078

中文經典100句23
孔子家語

總策畫／季旭昇教授
作者／文心工作室：蕭正龍、陳沛淇、陳嘉娟、林保全、江秋華
責任編輯／謝函芳

版權／翁靜如
行銷業務／甘霖、蘇魯屏
總編輯／楊如玉
總經理／彭之琬
發行人／何飛鵬
法律顧問／台英國際商務法律事務所　羅明通律師
出版者／商周出版
城邦文化事業股份有限公司
台北市104民生東路二段141號9樓
電話：(02) 25007008　傳真：(02)25007759
Blog：http://bwp25007008.pixnet.net/blog
E-mail：bwp.service@cite.com.tw
發行／英屬蓋曼群島商家庭傳媒股份有限公司城邦分公司
台北市中山區民生東路二段141號2樓
書虫客服服務專線：(02) 25007718・(02) 25007719
服務時間：週一至週五09:30-12:00・13:30-17:00
24小時傳真服務：(02) 25001990・(02) 25001991
郵撥帳號：19863813　戶名：書虫股份有限公司
讀者服務信箱：service@readingclub.com.tw
城邦讀書花園：www.cite.com.tw
香港發行所／城邦（香港）出版集團有限公司
香港灣仔駱克道193號東超商業中心1樓
Email：hkcite@biznetvigator.com
電話：（852）25086231　傳真：（852）25789337
馬新發行所／城邦（馬新）出版集團 Cité (M) Sdn. Bhd.
41, Jalan Radin Anum, Bandar Baru Sri Petaling,
57000 Kuala Lumpur, Malaysia.
電話：（603）90578822　傳真：（603）90576622

封面設計／徐璽
電腦排版／新鑫電腦排版工作室
印刷／韋懋實業有限公司
總經銷／聯合發行股份有限公司
電話：(02)29178022　傳真：(02)29156275
■2010年11月02日初版　　printed in Taiwan
■2016年06月14日初版2.5刷
定價240元

城邦讀書花園
www.cite.com.tw

 ISBN 978-986-120-396-6

商周出版

廣告回函
北區郵政管理登記證
台北廣字第00791號
郵資已付，免貼郵票

104　台北市民生東路二段141號2樓

英屬蓋曼群島商家庭傳媒股份有限公司城邦分公司　收

請沿虛線對摺，謝謝！

商周出版

書號：BK9023　　書名：中文經典100句——孔子家語

請於此處用膠水黏貼

商周出版

讀者回函卡

感謝您購買我們出版的書籍！請費心填寫此回函卡，我們將不定期寄上城邦集團最新的出版訊息。

不定期好禮相贈！
立即加入：商周出版
Facebook 粉絲團

姓名：＿＿＿＿＿＿＿＿＿＿＿＿＿＿＿＿　性別：☐男　☐女

生日：西元＿＿＿＿＿＿年＿＿＿＿＿＿月＿＿＿＿＿＿日

地址：＿＿＿＿＿＿＿＿＿＿＿＿＿＿＿＿＿＿＿＿＿＿＿＿

聯絡電話：＿＿＿＿＿＿＿＿＿＿　傳真：＿＿＿＿＿＿＿＿＿＿

E-mail ：

學歷：☐ 1. 小學 ☐ 2. 國中 ☐ 3. 高中 ☐ 4. 大學 ☐ 5. 研究所以上

職業：☐ 1. 學生 ☐ 2. 軍公教 ☐ 3. 服務 ☐ 4. 金融 ☐ 5. 製造 ☐ 6. 資訊
☐ 7. 傳播 ☐ 8. 自由業 ☐ 9. 農漁牧 ☐ 10. 家管 ☐ 11. 退休
☐ 12. 其他＿＿＿＿＿＿＿＿＿＿＿＿＿＿＿＿＿＿＿＿

您從何種方式得知本書消息？

☐ 1. 書店 ☐ 2. 網路 ☐ 3. 報紙 ☐ 4. 雜誌 ☐ 5. 廣播 ☐ 6. 電視
☐ 7. 親友推薦 ☐ 8. 其他＿＿＿＿＿＿＿＿＿＿＿＿＿＿

您通常以何種方式購書？

☐ 1. 書店 ☐ 2. 網路 ☐ 3. 傳真訂購 ☐ 4. 郵局劃撥 ☐ 5. 其他＿＿＿＿

您喜歡閱讀那些類別的書籍？

☐ 1. 財經商業 ☐ 2. 自然科學 ☐ 3. 歷史 ☐ 4. 法律 ☐ 5. 文學
☐ 6. 休閒旅遊 ☐ 7. 小說 ☐ 8. 人物傳記 ☐ 9. 生活、勵志 ☐ 10. 其他

對我們的建議：＿＿＿＿＿＿＿＿＿＿＿＿＿＿＿＿＿＿＿＿＿＿

＿＿＿＿＿＿＿＿＿＿＿＿＿＿＿＿＿＿＿＿＿＿＿＿＿＿＿＿

＿＿＿＿＿＿＿＿＿＿＿＿＿＿＿＿＿＿＿＿＿＿＿＿＿＿＿＿

請於此處用膠水黏貼